Friedrich Augustin

Sprachliche Untersuchung über die Werke Henri d'Andeli's

Friedrich Augustin

Sprachliche Untersuchung über die Werke Henri d'Andeli's

ISBN/EAN: 9783743488489

Hergestellt in Europa, USA, Kanada, Australien, Japan

Cover: Foto ©ninafisch / pixelio.de

Manufactured and distributed by brebook publishing software
(www.brebook.com)

Friedrich Augustin

Sprachliche Untersuchung über die Werke Henri d'Andeli's

Sprachliche Untersuchung

über

die Werke Henri d'Andeli's

nebst einem Anhang enthaltend:

La bataille des vins, diplomatischer Abdruck der Berner Hs.

INAUGURAL-DISSERTATION

zur

Erlangung der Doctorwürde

bei

hoher philosophischer Facultät zu Marburg

eingereicht von

Friedrich Augustin
aus Ludwigslust.

(Ausg. u. Abh. aus d. Geb. der roman Philol., Heft XLIV).

Marburg.

Universitäts-Buchdruckerei (R. Friedrich).

1885.

In der nachstehenden Arbeit beabsichtige ich ein vollständiges Rimarium der Dichtungen Henri d'Andeli's zu geben, behufs genauer Feststellung der Sprache dieses Dichters und der ihm bisher mit Recht oder mit Unrecht zugeschriebenen Werke. Dem Rimarium habe ich einen alphabetischen Index der Reimworte folgen lassen, welcher auch zur Aufhellung einiger dunklen Stellen des Textes beitragen will. In den vorausgeschickten Erörterungen habe ich zunächst das über die Person und Werke des Dichters bisher Ermittelte zusammengestellt und kritisch beleuchtet, darauf ebenso die bisherigen Ansichten über die Sprache Henri's unter Zugrundelegung des Rimariums nachgeprüft und danach festgestellt, dass Henri d'Andeli wohl als Autor der drei Gedichte: »Lai d'Aristote«, »Bataille des vins« und »Bataille des sept ars« anzusehen ist, seine Autorschaft hinsichtlich des »Dit du chancelier Philippe« aber mindestens angezweifelt werden muss.

In einem Anhang teile ich schliesslich den Berner Text der interessanten »Bataille des vins« unter Hinzufügung der Varianten der Pariser Hs. mit.

I.

Die Person des Dichters.

Den Namen unseres Dichters finden wir zuerst erwähnt bei Legrand d'Aussy »Fabliaux ou contes, fables et romans du XIIe et du XIIIe siècle, traduits ou extraits 3. éd. 1829«. t. I. p. 273, t. III. p. 35 und ebenso in: »Notices et extraits des manuscrits de la bibl. nation. et autres biblioth. p. p. l'instit. nat. de France«, t. V. p. 496. Ueber die Persönlichkeit desselben findet sich aber nichts.

Hierüber versuchte erst der Abbé de la Rue genaueres zu ermitteln. Nachdem er den Namen des Trouvère und eins seiner Werke, das »lai d'Aristote«, in seinen Essais histor. sur la ville de Caen t. I. p. 97 kurz berührt, geht er in seinen »Essais histor. sur les bardes, les jongleurs et les trouvères normands et anglo-normands, publ. 1834«, t. III. p. 33 näher auf die Person ein und identifiziert ihn irrtümlicher Weise mit einem Kanonikus von Rouen, Henri d'Andeli, dessen erste Erwähnung als Henricus d'Andeleio uns in den letzten Jahren des 12. Jahrh. begegnet.

Auf Grund angeführter Belege (cf. Introd. p. 12—17) stellt dann Héron [1]), der jüngste Herausgeber der Werke Henri d'Andeli's, fest, dass jener vom Abbé de la Rue gemeinte Henri d'A. spätestens 1198 Kanonikus wurde, die Würde eines chantre 1207 erlangte und in diesem Amte bis 1220 oder 1223 blieb.

Für die Identifizierung des Trouvère und des Chanoine hatte

---

1) Oeuvres de Henri d'Andeli, trouvère normand du XIIIe siècle, publiées avec introduction, variantes, notes et glossaire par A. Héron, Paris 1881 (tiré pour le commerce à quarante exemplaires seulement tous numérés), vgl. die Recension dieser Publication von G. Paris, Rom. XI, 137 ff.

sich der Abbé de la Rue nur auf die Aehnlichkeit beider Namen
berufen; diesem einen, doch sehr schwachen Beweisgrund hatte
E. H. Langlois noch den weiteren, auf die Diction des Dichters
begründeten hinzugefügt, welcher aber an Beweiskraft dem
ersten nicht einmal gleichkommen dürfte.
Héron kommt zu einer ganz andern Identification (p. 20),
für deren Halt ihm eine Stelle in den »Regestrum Visitationum
de l'archevêque de Rouen Eude Rigaud (p. p. Bonnin)« p. 334
gilt, wo ein Henricus de Andeliaco unter dem Datum des 20. März
1259 als »magister« und »clericus« genannt wird. Der so gewon-
nene Zeitpunkt, ebenso die erwähnte Würde des Dichters wird
scheinbar durch Stellen aus seinen Werken bestätigt. Man ver-
gleiche in dem »Dit du chancelier Philippe«, welches sicher nach
1236 entstanden zu denken ist, v. 251 ff. (Héron, Introd. p. 21):

> Et icil clers qui ce trova
> De celu que bien se porta
> Par Deu qui maint en Trinitei,
> Por ce qu'il est de verité,
> Ne l'apele mie flabel;
> Ne l'a pas escrit en tablel,
> Ainz l'a escrit en parchamin.
>
> C'est dit fist Hanris d'Andeli.
> Deus ait del Chancelier merci!

Dass wir diesen letztbesprochenen Henri d'Andeli als den
Dichter aller unter seinem Namen gehenden Werke anzusehen
haben, möchte auf den ersten Blick sehr annehmbar erscheinen,
aber lautliche Eigentümlichkeiten, auf welche ich im Laufe
meiner Untersuchung über die Sprache des Dichters des näheren
eingehen werde, veranlassen mich, für das »Dit du chancelier
Philippe« seine Autorschaft anzuzweifeln. Sollte auch ein Dichter
dieses Namens der Verfasser dieses Dit sein, so können doch
innerhalb eines halben Jahrhunderts auch sehr wohl zwei solche
Personen existiert haben. Lassen wir aber vorläufig diese Frage
als eine offene bestehen und bemühen wir uns, etwas darüber
festzustellen, wo unser oder unsere Henri d'Andeli lebte oder
lebten.

Hierauf eine sichere Antwort zu geben, ist leider nicht
möglich; wir können nur Vermutungen beibringen, und diese
werden sich besonders auf eine Prüfung der *Bataille des sept
arts* und des *Dit du chancelier Philippe* gründen. Wie anders
sollten wir uns des Dichters sich in der »B. des s. arts« bekun-
dende, tiefgehende Detailkenntnisse der Verhältnisse an dem
wissenschaftlichen Mittelpunkt des damaligen Frankreichs er-
klären als durch die Annahme, dass er einen grossen Teil seines
Lebens dort verbrachte, wie denn auch die folgende Unter-
suchung, wenigstens für die 3 Gedichte: »Lai d'Aristote, Bataille
des vins« und »Bataille des VII arts«, bestätigen wird, dass er
seine Gedanken in centralfranzösischem Dialect (mit unter-
mischten Pikardismen) zum Ausdruck brachte.

Sollten wir weiter nicht aus den tiefempfundenen Worten
der Teilnahme, welche dem gestorbenen Kanzler Philipp im
»Dit du chancelier Philippe« gewidmet werden, schliessen
können, dass der Verfasser des Dit zum Kanzler einst in nahen
Beziehungen stand, vielleicht der Person desselben als Clerc
beigeordnet gewesen war? cf. Héron, Introd. p. 22: III 116
Sa mort trop durement comper.
Während aber die Sprache der drei erstgenannten Gedichte
entschieden centralfranzösischen Ursprung bekundet, zeigt das
Dit uns mehrere sprachliche Eigentümlichkeiten, welche auf
einen mehr südöstlichen Ursprung zu schliessen nötigen und
infolge dessen auch auf einen andern Verfasser als den eben
angeführten Henri d'Andeli.

Demgegenüber sagt Héron (Introd. p. 23) über die Heimat
des Henri d'Andeli: »Il est normand; son nom le prouve suffi-
samment«. In diesem Falle dürfte aber der blosse Name nichts
beweisen; vor allem muss uns vielmehr die Sprache des Dichters
ein Kriterium für seine Heimat sein. Wir finden nun aber
bei Henri keine normann. Eigentümlichkeiten, dagegen ist sein
Französisch das der Isle de France gemischt mit Pikardismen:
Contraction von *iée* : *ie*, das pikard. *ch* reimt mit dem franzős.
ch, wie auch das Schluss-*s* mit eben solchem *z* (Rimarium;

Rom. XI 142). Und so kann man wohl mit grösserem Rechte
annehmen, unser Dichter sei eigentlich Pikarde gewesen.
Damit steht auch die Bemerkung von G. Paris im Einklang
(Rom. XI 143): »Il est à remarquer que ces rimes (wo das
pikard. *ch* mit dem franz. reimt) ne se trouvent que dans le
lai d'Aristote. Faut-il en conclure que cette pièce est la
première de l'auteur, que ces formes étaient celles de son
dialecte natal, et que plus tard, habitué au parler parisien, il
a évité de s'en servir?« —
Wann Henri d'A. starb, wissen wir nicht.

II.
Die dem Dichter bisher zugeschriebenen Werke.

1. Le lai d'Aristote.

Erhalten in 4 Handschriften der bibl. nat. zu Paris (No.
837, 1593, 1104 (nouv. acq. franc.) 19152, wurde das lai
d'Aristote, dessen Stoff nach Legrand d'Aussy arabischen Ur-
sprungs sein soll (cf. Fabl. ou cont... t. 1, p. 279), zuerst
herausgegeben vom Grafen Caylus in seinen »Mémoires sur
les fabliaux« 1746, veröffentlicht in den »Mémoires de littérature
tirés des régistres de l'Academie des Inscriptions et Belles-
Lettres«, 1753, t. 20. p. 362-4.
Zum zweiten Male gedruckt wurde es von Barbazan in
seinen »Fabliaux et contes français des XIIᵉ, XIIIᵉ, XIVᵉ et XVᵉ
siècles«, Paris 1756, welchen Text dann Méon in seiner neuen
Ausgabe dieser Sammlung 1808 (Bd. III, 96 ff.) reproducierte.
Legrand d'Aussy gab davon 1779 in seinem mehrfach citierten
Sammelwerk eine Prosaumsetzung, und Imbert eine Umsetzung
in neufranzös. Verse (»Choix de fabliaux mis en vers« 1788,
t. 1. p. 157-170), welch letztere mir nicht zugänglich war. Die
neueste Ausgabe ist die von Héron, p. 1-22 seiner citierten
Publication.

Ueber die Abfassungszeit können wir nur die oben aus-
gesprochene Vermutung wiederholen, dass es vielleicht das
Erstlingswerk Henris sei.

Besonderer Erwähnung verdienen hier noch die Bruch-
stücke von 4 volkstümlichen Chansons, welche unser Dichter
der Geliebten Alexanders in den Mund legt, da Héron die
Form derselben nur ganz nebenher und ungenügend (Einlei-
tung XCVIII) bei Besprechung des Handschriftenverhältnisses
erörtert.

Das erste ist in den 4 genannten Handschriften folgender-
massen aufgezeichnet (v. 303-9).

837 (A): Or la voi, la voi, la voi.
       La fontaine i sort serie.
       Or la voi, la voi, m'amie,
       El glaiolai desouz l'aunoi.
       Or la voi, la voi la bele
       Blonde, or la voi.
1593 (B): Or la voi, la voi, la voi
       La fontenne i cort serie
       A glaiolai desoz l'anoi.
       Or la voi, la voi, la voi.
       La bale blonde, et li m'ostroi.
1104 (C) Or la voi, la voi m'amie,
       La bele blonde, a li m'otroi.
       La fontainne i sort serie.
       Or la voi, la voi m'amie. .
       Une dame i ot jolie
       Ou glaiolai desouz l'aunoi.
       Or la voi, la voi, la voi,
       La bele blonde, a li m'otroi *).

*) Zu dieser Lesart von C sagt Héron, ibid. C: »La chanson
Or la voi .. a huit vers dans le ms. C; si dans le septième, *Or la voi,
la voi, la voi*, on remplaçait le dernier *la voi* par *m'amie*, on retrou-
verait la forme bien connue du rondel en huit vers à rimes ainsi disposées
abaaabab, dans lequel le quatrième et le septième vers sont les mêmes
que le premier, et le huitième le même que le second. Le ms. C est le
seul qui présente cette disposition qui me semble due plutôt au copiste
qu'à l'auteur; je ne connais pas en effet d'exemple aussi ancien de rondel,
et je rejette la leçon de C aux variantes«. Vgl. hierzu A. u. A. XXIV. S. 6.

19152 (D) C'est la jus desoz l'olive,
La la voi venir m'amie
La fontaine i sort serie
El jaglolai soz l'aunai
La la voi, la voi, la voi,
La bela la blonde, a li m'otroj.

Für seinen kritischen Text stellt Héron nun her:
Or la yoi, la voi, la voi.
La fontaine i sort serie.
Or la voi, la voi, m'amie,
El glaiolai desouz l'auɲoi.
Or la voi, la voi, la voi,
La bele blonde, a li m'otroi.

Diese Herstellung scheint mir dem offenbar volkstümlichen
Charakter der Strophe nicht zu entsprechen, besonders wegen
der Mischung rhythmisch entgegengesetzter Verse. Eher dürfte
es sich empfehlen, die Version der Hs. D als die urspüngliche
Fassung anzusehen, da dieselbe ein durchaus befriedigendes
strophisches Gebilde aufweist (a', a', a', b, b, b,) und auch die
Assonanz der ersten Zeile dem volkstümlichen Charakter der
Strophe entspricht. Eine weitere Unterstützung erhält diese
Ansicht dadurch, dass Z. 1, 3 und das Reimwort der Z. 2 in
einem Liederbruchstück des Roman de Dole *) wörtlich wieder-
kehren und Z. 1 und 3 deutlich in noch einem anderen Bruch-
stück desselben Romanes anklingen **). Bemerken will ich auch,
dass Bartsch (Z. f. r. Ph. 1879. S. 379. No. 19) die 2 Schluss-
zeilen unserer Strophe als volkstümlichen Refrain anführt mit

*)   »C'est la jus desoz l'olive,
     Robins enmaine s'amie:
     la fontaine i sort serie
     desouz l'olivete.
     e non deu! Robins enmaine
     bele Mariete«.   Rom. u. Past. II 116.

**) La jus desouz l'olive
     — ne vos repentez mie —
     fonteine i sourt serie:
     puceles, carolez.
     ne vos repentez mie
     de loiaument amer.   Rom. u. Past. 378.

Verweisung auf De la Borde II 201, dessen Werk mir leider
nicht zur Verfügung steht. Das Gedicht scheint uns anderweit
nicht überliefert zu sein, wenigstens habe ich bei G. Raynaud
»Bibliographie des chansonniers français, Paris 1884« nichts
gefunden, was sich mit unseren Zeilen identificieren liesse.

Eben so wenig ist dort die zweite vom Dichter eingelegte
Strophe nachzuweisen. Doch muss auch hier erwähnt werden,
dass eine schon von G. Paris angezogene *chanconete novele* des
Rom. de Dole (Bartsch, Rom. u. Past. II 117) die Zeile 2,
welche wieder nur von D überliefert wird, fast genau als Zeile 3
wiederholt. Sie ist bis auf Zeile 2 (D) von allen Hss. fast
übereinstimmend erhalten (v. 360-4):

> Ci me tienent amoretes;
> Dras i gaoit meschinete.
> Douce, trop vous aim!
> Ci me tienent amoretes,
> Ou je tieng ma main.

und ist offenbar wieder volkstümlich. Für die Form dieser
Strophe $a'_7 [a'_7] b_5 a'_7 b_5$ bietet die prov. Lyrik allerdings kein
genaues Vorbild; vgl. Maus, A. u. A. V. Anh. No. 105. 46, 3.
50. Aber die oben angezogene *chanconete* lässt fast genau
dieselbe strophische Form erkennen: $a'_7 a'_7 a'_7 b_5 a'_7 b_4$, wobei
die letzte Zeile offenbar in einen Fünfsilbler zu verwandeln ist.
Auch der Bau des vierten Liederbruchstückes unseres *lai* steht
dem obigen sehr nahe.

Die dritte Strophe (v. 384-90):

> En un vergier, lez une fontenele,
> Dont clere est l'onde et blanche est la gravele,
> Siet fille a roi, sa main a sa maissele;
> En souspirant son douz ami apele:
>   Hé! biaus quens Guis,
> La vostre amors me tot solas et ris.

ist die erste einer bei Bartsch, ibid. 1 9 unter Benutzung auch
unserer Hss. abgedruckten, anonymen Romanze. Die vorliegende
Strophenform $a'_{10} a'_{10} a'_{10} a'_{10} b_4 b_{10}$ begegnet übrigens auch
bei Paulet de Marseille, vgl. Maus, A. u. A. V. Anh. No. 29, 3.

Die letzte, anzuführende Strophe lautet nach Héron
(v. 465-70):

> Ainsi va qui amors maine
> Pucele blanche que laine;
> Mestre musars me soustient.
> Ainsi va qui amors maine
> Et ainsi qui les maintient.

Der zweite Vers, welcher B,C fehlt, ist nach G. Paris, Rom. XI, 140 durch die Lesart der Hs. D zu ersetzen:

> Bele Doe i ghée laine.

Woher dieses Bruchstück entnommen ist, vermag ich nicht anzugeben, doch ist die Strophenform $a', a', b, a', b,$ der des zweiten Bruchstücks nahe verwandt.

2. La bataille des vins.

Dieses aus 204 Versen bestehende Gedicht ist uns in zwei Handschriften überliefert, deren eine der bibl. nation. zu Paris (837) und deren andere der Berner Stadtbibl. (113) angehört. Veröffentlicht wurde es zum ersten Male von Barbazan 1756 in seinen »Fabliaux et contes des poètes français des XIe .. XVe siècles«, dann reproduciert von Méon in seiner neuen Ausgabe der fabliaux .. 1808, t. 1. p. 152. (cf. Stengels Ausgabe des Durmart p. 459, wo die Varianten der Berner Hs. von dem Abdruck Méons gegeben sind; mir liegt der Berner Text nahezu vollständig noch in einer für Prof. Stengel angefertigten Photographie vor). Nachdem weiter Legrand d'Aussy eine Prosaübertragung in seinen fabl. ou cont. gegeben (Neudr. 1829, t. III. p. 35 ff.), besorgte Héron in seiner oben citierten Ausgabe einen kritischen Text.

Die Entstehung der »bat. des vins« ist sicher nach 1223, dem Todesjahre von Philipp II. August zu setzen, nur ihn kann der Dichter im Auge gehabt haben, wenn er beginnt:

> Volez oïr une grant fable
> Qu'il avint l'autrier sus la table
> Au bon roi qui ot non Phelippe,

Hinzufügen will ich noch, dass auf die bekannte gesetzgeberische

Thätigkeit des Königs angespielt wird, auf die Einrichtung des
Pairshofes, der 12 Pares Franciae:

> v. 191: Puis fist .III. rois et puis .III. contes,
>   Et puis en dura tant li contes
>   Qu'il en fist .XII. pers en France
>   Ou li rois out moult grant fiance.

Da Héron ebenso wie Barbazan-Méon diese »facétie qui dut amuser
les contemporains et qui a pour nous le mérite de contenir
des renseignements intéressants sur les vins les plus goûtés au
XIIIe siècle« (G. Paris) auf Grund des mehrfach verderbten
Pariser Textes veröffentlicht haben, so halte ich es für angezeigt,
im Anhange zu dieser Untersuchung einen diplomatischen Abdruck
der, wie schon G. Paris Rom. XI, 140. hervorgehoben, öfters
besseren Berner Handschrift zu geben. Ich füge demselben die
Varianten der Pariser Hs. nach Barbazans und Hérons Text
bei. Hérons Variantenangaben aus der Berner Hs. sind über-
dies mehrfach, ungenau und unvollständig und nur einer Pariser
Copie dieser Hs. entnommen. Auch die Variantenzusammen-
stellung im Durmart ist nicht durchaus erschöpfend.

3. Le dit du chancelier Philippe.

Bisher wissen wir nur von einer Hs., welche dieses Gedicht
enthält, und in welcher es schon von dem Abbé de la Rue
aufgefunden wurde, nämlich von dem Harleian ms. no. 4333 des
Brit. Museum in London (»Essais historiques sur les bardes ...«
t. 3. p. 34). Den ersten Abdruck des Textes lieferte P. Meyer
(Rom. I, 192). Auf seiner Ausgabe basiert die von Héron
besorgte (ausgenommen v. 230, wo H. für de fer mit Recht
d'enfer einführt).

Die Abfassungszeit des Dit ist mit P. Meyer und Héron
nach 1236 zu setzen; in diesem Jahre starb Philippe de Grève.
Sein Tod muss dem Dichter noch in sehr lebhafter Erinnerung
gewesen sein, als er diese seine Nachrufsworte schrieb.

Das Gedicht selbst wird übrigens, obwohl Henri d'Andeli
ausdrücklich am Schluss als dessen Verfasser genannt ist,

schwerlich von ihm herrühren, da seine Sprache von der der
übrigen Werke Henri's, wie die nachstehende Prüfung der
Reime ergeben wird, zu stark abweicht.

4. La bataille des sept arts.

Zwei Handschriften der bibl. nat. zu Paris (837, 19152)
überliefern uns dieses, für die Kenntnis der damaligen wissen-
schaftlichen Studien in Frankreich so interessante Werk. In
den »Notices et extraits ...« t. V. p. 496 hat es Legrand
d'Aussy zuerst in einer Prosaumsetzung mitgeteilt; doch nur
zum Teil, denn die Verse, welche er nicht verstand, übergeht
er mit Stillschweigen: v. 359 (vgl. Rim. -ain) und v. 450-1
(Rim. -aines). Nach ihm hat dann Jubinal unsern Text in
den zwei Ausgaben, welche er von Rutebeuf's Werken veran-
staltete, publiciert (Ausg. von 1839, t. 2, addit. p. 415 ff.; Ausg.
von 1874/75, t. 3, addit. p. 325 ff.), und zuletzt ist er in Hérons
Gesamtausgabe der Werke Henri d'Andelis mit vollständigem
Variantenapparat wieder abgedruckt.

Héron nimmt dieses Gedicht als nach 1236 entstanden an.

III.
Die Sprache von Henri d'Andeli.

Lobend hebt G. Paris Rom. XI, 142 hervor, dass Héron
seiner Ausgabe eine »table des rimes« habe folgen lassen, fährt
aber fort:

»D'abord, pour être commode, une table des rimes doit
signaler, mieux que ne le fait la présente, celles qui offrent
quelque particularité (il faudrait par exemple signaler à quels
endroits et dans quelles conditions le poète se permet des
assonances); ensuite, les rimes d'un poète donnent sur la langue

des éclaircissements qu'il faut toujours recueillir, et que M. Héron a négligés«.

In der That ergiebt eine genaue Durchsicht der »table des rimes«, dass Héron bei Aufstellung derselben keine klare Vorstellung vom altfranzösischen Reim hatte. Nach den von ihm aufgeführten rei chen Reimendungen: *ia, iant, iaus, ieus, ion, yon, ions eü*, die freilich unter den einfachen Reimendungen hätten aufgeführt werden müssen, sollte man erwarten, er würde bei der alphabetischen Ordnung durchweg von den reichen Reimsilben ausgehen, doch werden andere reiche Reimendungen unter den einfachen aufgeführt, z. B. *eïst* unter *ist*.

Noch bedenklicher ist es, dass Héron sich bei seiner Aufstellung lediglich durch das Schriftbild hat leiten lassen und danach geschlossenes und offenes *e* wie *o* in den Reimsilben: *el, er, ers, ez, ors, ort* durcheinander wirft, dagegen *ote* und *oute, ous* und *oz* etc., wo nur verschiedene Schreibungen derselben Endung vorliegen, auseinander hält.

Im Anschluss an die vorerwähnte Bemerkung führt G. Paris folgende Eigentümlichkeiten der Sprache unseres Dichters an, welche sich aus den Reimen erschliessen lassen: »il changeait, contrairement à l'usage normand, *ei* en *oi*, non seulement pour les imparfaits (4,227 [*oient*]*), 299 [*oit*] 319 [*oient*]), ce qui ne prouverait pas grand' chose, mais dans les mots ordinaires (1,366 [*oie*], 2,88 [lies: 2,188 *oile*]); il prononçait *Biaune* comme *jaune* (2,40); — il changeait *illos* en *aus* (1,232) et non en *eus*; — il ne distinguait plus *è* entravé de *é* entravé (4,242) [? *ére*]; — il assimilait *en* à *an* (3,78 [*andres*] et peut-être 226 [? *ans* — füge hinzu: 3,29 *ant*]), *ein* à *an* (1,160. 316 [*aines*], 465 [füge hinzu: 1,468 *aine*], 2,56 [lies: 156 *ains*], 4,20. 121. 245. 325. 433); — il contractait (trait important) *iée* en *ic* (1,42. 218. 461 [füge hinzu: 4,271]); — il prononçait *eus* le mot représentant *oculos* (2,126, 4,125. 215), et *meus* le mot représentant *melius* (3,128).

---

*) Die in [ ] befindlichen Angaben sind von mir hinzugefügt.

Pour les consonnes: il appartient à ce groupe de poètes
qui font rimer le *ch* picard (terme abréviatif) avec le *ch* français
(cf. Rom. VII, 135): *estanche, arrestance* 1,30, *France, franche*
1,112, *que vaut ce, chevauche* 1,475; — il ne prononce plus
l's devant une consonne (3,130 [*it*], 202 [*outre*], 4,193 [*ime*]
421 [*imes*, füge hinzu: 2,74 *enes*]); — il ne distingue plus *z* final
d' *s* (1,142, 489, 599; 2,102; 1,38)«.
Diesen von G. .Paris angeführten, unseren Dichtungen
charakteristischen Lauteigentümlichkeiten . sind noch folgende
beizufügen: -*ēbat* = -*abeat* (*ait* 3,125), *ó* = *ò* (*ors* 3,164),
minder wichtig sind: '*l*ᶜ = ○ (*ols* 3,123), -*e*ᶜᶜ = -*i*ᶜᵉ (*ele* 1,386).
Noch muss hervorgehoben werden, dass die Mischung von
*a*ₐ und *e*ₐ nur im Dit du ch. Ph. vorliegt, welches Gedicht auch
hinsichtlich einiger anderen Erscheinungen eine separate Stellung
einnimmt, eine Thatsache, die zu erklären wir uns hernach
bemühen werden. Unverständlich bleibt mir, warum 4,242
beweisen soll, dass *è entravé* und *é entravé* von Henri d'A.
nicht mehr geschieden wurden, während *mere* (matrem)
und *amere* (amara) im Afr. von Anfang an denselben geschlos-
senen *e*-Laut aufwiesen; *mere* aber = *maire* (major *st.* majorem)
zu fassen, liegt doch kein Zwang vor.
Ueber die Nominalflexion unseres Textes sagt schon
G. Paris: »En ce qui concerne la flexion, les rimes prouvent
que Henri d'Andeli observait rigoureusement la déclinaison (je
ne trouve qu'une exception: *David — ravid* (pour *ravis*) 3,141;
mais elle peut s'expliquer«. Dem füge ich nur noch hinzu, dass
die nom. s.: *amere* 1,550, *maire* 1,402, *mere* 1,65, *mestre* 1,102,
165, *sire* 1,61 durch den Reim gesichert ohne *s* begegnen, und
dass folgende flexivische Unregelmässigkeiten des Druckes:
Biaune : jaune 2,39; *Galien : cirurgien* 4,99; *Grigoire; Ysidoire*
4,75; *Orace : Estace* 4,208; *Robert : Hubert* 4,101 durch
Aenderungen der Schreibart leicht zu beseitigen sind. Ueber
die Verbalflexion ist nur zu bemerken, dass das auslautende
t der 3. Person der schw. Prt. auf *i* gefallen ist: (Rom. XI, 142)
abeli : celi 1,215.

Die obigen Angaben über die Eigentümlichkeiten der Sprache Henri's veranlassen nun G. Paris zu dem Schlusse, dass Henri d'Andeli seine Dichtungen in centralfranzösischer Mundart mit gelegentlich untermischten Pikardismen abgefasst habe. Die von mir hervorgehobene Bindung *-ēbat* = *-abeat* dürfte indessen schwerlich für ein francisch-picardisches Denkmal sprechen, vielmehr auf südöstlicheren Ursprung von 3, in welchem sie vorliegt, hinweisen. Beachten wir nun, dass die von G. Paris und mir weiter angemerkten lautlichen Erscheinungen nicht gleichmässig für alle Gedichte Geltung haben, dass diese und andere minder charakteristische Lauterscheinungen sich vielmehr folgendermassen auf die einzelnen Dichtungen verteilen:

1.	2.	4.	3.
$en = \infty$,	$an = \infty$.		$en = an$.
—	—	$-\bar{e}bat = -\bar{a}bat.$	$-\bar{e}bat = -abeat.$
—	—	$oculus = -\bar{o}bus.$	$oculos = -\bar{e}lius$ (ieux).
$i\acute{e}e = ie.$	—	$i\acute{e}e = ie.$	$i\acute{e}e = \infty$; $ie = \infty$.
	$z = s.$		$z = \infty$; $s = \infty$.
	$ein = ain.$		$ain = \infty$.
	$\acute{o} = \infty$, $\grave{o} = \infty$.		$\acute{o} = \grave{o}$.
	$\bar{e} = o + i.$		$\bar{e} = \infty$.
$e^{c\acute{o}} = i^{cc}.$	—	$e^{cc} = i^{cc}.$	$e^{cc} = \infty$.
—	—	—	$v\textit{l}^{c} = \acute{o}.$

so ergiebt sich für 3 eine evidente Sonderstellung gegenüber 1, 2, 4. Pikardismen fehlen in 3 gänzlich, dagegen weisen 1, 2, 4, abweichend von G. Paris, keinen Fall der Bindung von *en* und *an* auf. Somit liegt es vom rein sprachlichen Standpunkte aus nahe, 1, 2, 4 nordwestlicheren, 3 dagegen südöstlicheren Ursprung zuzuschreiben. Allerdings nennt sich in den Schlusszeilen von 3 Henri d'Andeli selbst als Verfasser, welche Angabe jedoch nicht ohne weiteres seine Autorschaft an dem Dit sicher stellen kann, denn sie könnte sehr wohl von einem späteren Copisten hinzugefügt sein (das Gedicht ist uns überdies nur in einer Hs. erhalten, welches keines der übrigen Gedichte von Henri d'Andeli enthält). Gerade darauf scheinen auch die zwei unmittelbar sich folgenden *i*-Reimpaare hinzudeuten:

Cest dit fist Hanris d'Andeli.
Deus ait del Chanoelier merci!
S'aurai il, qu'il l'a deservi.
Or l'aït Deus par sa merci
Qui vit et regne et regnera
In seculorum secula. Amen dicant omnia,

da im Dit selbst eine weitere derartige Verletzung des Brauches metrisch sorgfältiger Dichter nicht begegnet *). — Zu Gunsten der Autorschaft Henri d'Andeli's könnten nun noch folgende Punkte geltend gemacht werden :

1) Unser Dit weist einige Reimpaare der drei anderen Gedichte von Henri d'Andeli auf:

Phelippe: pipe**) 2,3-4; 3,17-18.
gent: argent 1,68; 2,111; 4,122. 126; 3,55.
amie: mie I,97. 225; 3,171.
cuer: fuer 1,15; 3,85.
avoit: savoit 1,155; 3,185.
faudra: vaudra 1,247; 3,49.

2) Denselben allerdings sehr gewöhnlichen Vergleich haben wir:

2,188: Qui resplendist comme une estoile
3,236: Si est plus clers que nule estoile.

3) Ebensowenig besagt es, wenn die sprichwörtlich gewordene Freigebigkeit Alexanders des Grossen im »Lai d'Aristote« v. 72 ff.:

Onques n'ot pooir sor cestui
Riens qui venist d'argent ne d'or

---

*) wohl aber allerdings in der »Bataille des vins« v. 89-92 auf ons:
Que tu despis tes compaignons;
Saches de voir nous en plaignons,
Qui fez dant Croe de Soissons·
Le vin de Laon, de Tausons.

**) Das zweimalige Vorkommen gerade dieses Reimpaares will nicht viel sagen, da einmal mit Philippe der· französische König, das andere Mal der Kanzler der Pariser Kirche gemeint ist; auch pipe liegt in verschiedenen Bedeutungen vor (vgl. den Reimindex). Die andern angeführten Reimworte sind sehr häufig wiederkehrende, und so können wir aus ihrem Vorkommen nicht gut auf einen gemeinsamen Verfasser aller vier Gedichte schliessen.

auch im »Dit du chancelier Philippe« v. 77:

Il iert plus larges qu' Alixandres

erwähnt wird.

4) Als letzter Punkt liesse sich noch anführen, dass in der
»Bataille des VII arts« in v. 79-86:

> Ma dame la Haute Science,
> Qui n'avoit cure de lor tence,
> Lessa les ars tençant ensamble.
> A Paris s'en vint, ce me samble,
> Boivre les vins de son celier,
> Par le conseil au chancelier,
> Ou ele avoit moult grant fiance,
> Quar c'est li mieldres clers de France.

mit P. Meyer, Rom. I, 194 und Héron p. 148-49 wahrschein-
lich eine Anspielung auf Philippe de Grève, Kanzler der Kirche
von Paris in den Jahren 1218-36, zu sehen ist. Aber abgesehen
davon, dass die Anspielung sich zur Not auch anders deuten
liesse, kann doch die blosse Erwähnung derselben viel genannten
Persönlichkeit in zwei der Zeit nach sich offenbar nahe stehenden
Gedichten nicht dazu nötigen für beide denselben Verfasser
anzunehmen. Henri d'Andeli mag immerhin den Kanzler Philipp
hochgeschätzt haben, gerade das mag auch einen Copisten ver-
anlasst haben, ihn durch Einfügung der erwähnten Schluss-
zeilen zum Dichter auch des Dit auf den Kanzler zu machen.

Bedeutsam ist jedenfalls, dass die Hs. *A*, welche alle drei
anderen Gedichte Henri's überliefert, unsern Dit nicht kennt.

Nach voller Erwägung des Für und Wider wird somit
der Zweifel an Henri d'Andeli's Autorschaft für das »Dit du
chancelier Philippe« als berechtigt angesehen werden müssen.
Das Dit wird also von einem Verfasser, der einer mehr
südöstlich gelegenen Gegend angehörte, herrühren, während
Henri d'Andeli's eigentliche Werke in der Mundart einer mehr
nach Nordwesten vorgerückten Gegend entstanden sein werden.

Rimarium.

a.

1) -á (*Fremdw.*) : secula 3,266 —
4,294-95.
-**abet** : regnera 3,265 — 1,247 - 48.
578-79; 3,49-50.
2) -**abet** : a 1,506. 537; 3,208.
-**ac** : la 3,122. 174. 207.
-**avit** : 1,507 (prisa). 536 (efforça);
3,121 (viela). 173 (parla) — 1,81-82.
528-29; 2,169-70. 185-86; 3,15-16.
25-26. 181-82. 251-52; 4,164-65.
394-95.
3) - ? *subst. (musikal. Ausdr.)* : fa
4,178-79.

able.

-**abulam** : table 2,97 — 2,1-2.
-**abulum** : connestable 2,98.

ables.

1) -**abilis** *m.* : deffensables 4,254.
-**abulas** : fables 4,255.
2) -**abolus** : deables 4,105.
-**abulos** *eig.* : Venables 4,106.

ace.

1) -**ac(h)iat** *prs. i.* : embrace 1,93.
-**aqueat** *prs. i.* : enlace 1,94.
2) -**aciam** *c.* : face 1,51.
-**aciat** *prs. i.* : defface 1,52.
3) -**ateam** : place 4,170.

-**atium** *obl.* : espace 4,171.
4) -**atius** : Orace, Estace 4,208-9.

aces.

-****acias** : fallaces, rabaces ¹) 4,426-27.

aches.

-**aticas** : naches 4,54.
- ? *obl. eig.* : Gamaches 4,53.

age.

-**apii** : sage 3,3.
-**apium** : sage 3,100.
-**aticum** *obl.* : damage 3,99; passage
3,4 — 1,173-4. 335-6.

ages.

-****agius** (?) : pages 4,52.
-**apius** : sages 2,11; 4,51.
-**aticos** : messages 2,12; langages
4,329 — 4,73-74.
-**aticus** : sauvages 4,328.

ai.

1) -**abeo** *prs.* : ai 1,39 — *fut.* 1,49-50.
-**avi** *prt.* : prisai 1,40.
2) -**acum** *obl. eig.* : Tornay, Cortenai
4,49-50.

aies (oies).

-**agas** : plaies 4,64.
- ? *eig.* : Linoies 4,63.

---

1) Die Lesart: *fallaces, rabaces* der Hs. B (Paris, bibl. n. 19152) ist,
wie auch G. Paris meint, derjenigen von A (ibid. 837): *fallée, rabée* vorzu-
ziehen.

Ausg. u. Abh. (Fr. Augustin).   1*

aigne (*iegne*).

-**aneat**. *c* : remaigne 1,351.
-**ĕniat** *c.* : viegne ¹) 1,352.

aigres.

-**acrus** : aigres 1,340.
-***acrus** : maigres 1,339.

aille

-***alia** : bataille 4,144.
-**alliam** : faille 4,145.

ain (*aim*).

1) -**ane** : demain, main 1,253-54.
2) **amo** : aim 1,362.
-**annum** (?) ²) : pain 4,359.
-**anum** : main 1,364; 4,358.

aindre.

-**ingere**: destraindre, faindre 1,548-49.

aine.

1) -**ana** : laine 1,466.
-**anam** : semaine 1,160 — 2,167-68.
-**ĕnam** *adj.* : plaine 1,464.
-**īnat**: demaine 1,159; maine 1,465. 468.
2) - ? *eig. obl. s.* : Architraine 4,283.
   - *eig. n. s.* : Parealmaine 4,282.

aines.

1) -**anae** + **s** : lontaines 1,316.
-**ēnas** *eig.* : Ataines 1,315.

ains.

1) -**anos** : soverains 3,156; vilains 4,370.
-**anus** *adj.* : premerains 3,155; *subst.*
   obl. : mains 2,156; 4,19. 121. 244.
   324. 432.
-**ĕnos** : frains 4,245.
-**ēnus** : plains 4,371.
-**īnus** : mains 2,155; 4,20. 120. 325. 433.
2) -**ĕmos** *eig.* : Rains 2,99.
-**ēnes** *subst. m.* : rains 2,100.

aint.

-**anet** : maint 1,115.
-***anti** (?) : maint 1,116.

ainte.

-**inctam** : painte, deschainte 1,299-300.

aintes.

1) -**anctae** + **s** *voc.* : saintes 3,179.
-***antas** (?) : maintes 3,180.
2) -***antones** *eig. m. n.* : Saintes 2,127.
-**inctas** : empaintes 2,128.

2) -anas *subst.* : fontaines 4,315; *adj.*

hautaines 4,314; vaines 4,450.
-**ēnae** + **s** ²) : avaines 4,451.

aing.

- ? *obl.* : mehaing 4,110.
-***anjum** *obl.* : gaaing 4,109.

---

1) cf. G. Paris, Rom. XI, 142: il disait *vaigne* de *veniat* (I 352), et par conséquent aussi *taigne*, *vain*, *tain* de *teneam*, *venio*, *teneo*.

2) lat. *pannum* sollte lautgesetzl. *pan* ergeben, welches nach Héron unser Dichter, um dem Reime: *main* zu genügen, in *pain* änderte; gewiss eine gewagte Behauptung. Eine Aussprache *man* : *pan* anzunehmen, ist ebenfalls wegen der Bindung *a'* : *ĕ'* bedenklich. Der Vers bleibt unklar.

3) v. 450-51: *Seignor, li siecles vait par vaines; Emprès forment vendront avaines*, sind dunkel; Legrand d'Aussy überspringt sie in seiner Prosa-umsetzung, und Héron giebt dafür keine Deutung in seinem Glossar. Indem ich v. 451 nach ms. B (Paris, bibl. nat. ms. fr. 19152) emendiere: *Emprès formenz vendront avaines*, fasse ich diese Worte als einen bildlichen Ausdruck, mit welchem Henri d'A. sagen wollte: »Nach den guten Zeiten werden schlechte kommen«. Der Sinn ist dann ein befriedigender.

aire (*ere*).

1) -**acere** *subst. inf. obl.* : afaire 1,84;
afere 1,14. 429. 517; *inf.* faire 1,83;
4,455; fere 1,13. 428. 516; 4,374.

-*acere : tere 4,375; plere 1,58.

-**arium** *obl.* : aumaire 4,30. 235; ex-
amplere 1,57.

-**aticam** *eig.*: Gramaire 4,29. 234. 454.

2) -**ahere** : 1,1-2. 369-70.

3) -**ajor** : maire 1,402.

-**ájorat** : maire 1,250. 403.

-**atica** : gramaire 1,249.

ais.

1) -**agis** : mais 1,189.

-*agus *subst.* : esmais 1,190.

2) -**atium**(?) : Mauvais 2,51.

- ? *eig.* : Biauvais 2,52.

aissent.

-**ávissent** : 2,61-62. 157-58.

ait.

-**abeat** : ait 3,125.

-**ŏbat** : repessait 3,126 (*vgl.* ŏt, oit).

aite.

-**aota** *part.* : retraite 1,43.

-**aotam** *subst.* : retraite 1,44.

al.

-**alem** *eig. m.* : Doctrinal 4,202.

-**allem** *m.* : val 4,268.

-**allum**:cheval 4,203.269; cristal 1,198.

-*allum *obl.* : estal 1,492.

-**alum** *obl.* : mal 1,197. 493.

ale (*alle*).

-**alam** *adj.* : male 1,243.

-*alam : sale 3,234.

-*allat : avalle 3,233.

-**allidum** : pale 1,244.

ales.

-**alae** + **s** *adj.* : males 4,383.

-**ales** *adj. f. obl.* : anormales 4,382.

amble (*anble*).

-**ĕmulam** : tramble 4,247.

-**īmul** : ensamble 1,538; 4,81. 246; en-
sanble 1,208.

-**īmulat** : samble 1,539; 4,82; sanble
1,207.

ambre.

-*ambram (*arab.*) : ambre 2,162.

-**amera** : chambre 2,161.

ame (*anme*).

1) -**álimen** *subst. m. obl.* : roiame 1,143.

-**eminam** : fame 1,144.

2) -**ammam** : flanme 3,227.

-**animam** : ame 1,407; 3,228.

-**ŏmina** : dame 1,406.

ampes.

- ? *eig. obl.* : Estampes 2,55.

-*ampas : crampes 2,56.

anc.

1) -*amium *adj.* : blanc, franc 2,5-6.

2) -*anguem : sanc 4,195.

-*anjum *obl.* : fanc 4,194.

ance (*anche*).

-**agnat** : estanche 1,29.

-**anca** : franche 1,114.

-**anciam** *eig.*: France 1,113; 2,48. 193;
4,86. 442.

-**antia** *eig.* : Nigremance 4,132.

-**antiam** : arrestance 1,30; fiance
2,194; 4,85; mesestance 4,133; sub-
stance 4,363.

-*antiam : aparance 4,362; connois-
sance 4,443; poissance 2,47.

ances.

-**antices** *obl.* : pances 4,117.

» v. 118 *fehlt.*

ande (*ampe*).

-*ampam:lampe 3,212.

-**andat** : demande 3,211.

andre (vgl. *endre*).
1) -andere : espandre 1,80.
-andrum *eig.* : Alixandre 1,79.

andres.
-andrus *eig.* : Alixandres 3.77.
-ïnor + s : mandres 3,78 ').

ange.
-ambiat *prs.* : change 1,170.
-aneam : estrange 1,169.

angles.
-angelos : angles 4,390.
- ? *obl.* : jangles 4,391.

ans.
-antem + s *m.* : ardans 3,226.
-empus (?) : tans ') 3,225.

ant.
-ando : arrivant 1,56; deportant 1,417;
prisant 1,11 — 1,347-48. 379-80.
556-57; 4,184-85. 364-65.
-*andum *subst. obl.* : commant 1,135;
4,447.
-*anni *eig.* : Alemant 4,446.
-antem *subst. m. obl.* : amant 1,136;
garant 1,518; vivant 1,55; *adj. m.*
parant 1,519 — 1,103-4.
-anti *subst.* : mesdisant 1,12.
-antum : tant 1,416.

ante.
-*áginta 4,152-53.

anz.
-*andos : commanz 1,565; 2,110.
annos : anz 4,410.

-*annos *eig.* : Alemanz 2,109.
-antes *subst. m. obl.* : amanz 1,564;
enfanz 4,411.

aples.
-*apoles *eig. m. obl.* : Naples 4,130.
-*apulos : chaples 4,131.

ar.
-arrum : char 4,57.
-*arnjum *obl.* : eschar 4,58.

arche.
-*arca : marche 2,120.
-*arcam *eig.* : Danemarche 2,119.

ars.
-*arcio *n. s.* : gars 4,331. 460.
-*ardos : dars 4,37; *adj.* lombars 4,68.
-*ardus *eig.* : Lombars 4,103.
arsum : ars 4,38.
-artes *m. obl.* : ars 4,67. 104. 330.
-artes *m. obl.* : pars 4,461.

art.
-ardum : liepart 4,345.
-artem : part 1,275; 4,344.
-artit : part 1,276,

as (az).
1) -assum *subst.* : compas 2,66; pas
3,168. 205; 4,187; *neg.* pas 2,65;
3,167; 4,186.
-assus : trespas 3,206.
2) -a(vi)sti : getas 3,114; resuscitaz
3,113.

asse.
-assam : basse 1,391.
-assat : passe 1,390.

---

1) *mandres* in 3 gegen *maire, amere,* sire in 1 ist zu beachten; vgl. S. 13.
2) **v.** 225 ist unklar: *Se li cors aval traï tans;* P. Meyers Vorschlag:
Se li cors aval trait toz tans zu emendieren, ist anzunehmen. Ich fasse
dann *traire* in der Bedeutung: leiden, dulden, wofür auch andere Stellen,
wie: *Soëÿ trait mal qui l'acostume* (B. Chr. 120,29) oder: *C'on trait por fine
amor loial* (ibid. 219,2) sprechen.

asses.

-assae + s : quasses 4,356.
-assas : lasses 4,357.

astre.

-astra : vilenastre 4,111.
*astrum *obl.* : astre 4,112.

at.

-*aptum : rachat 1,397.
-ătum : chat 1,396.
-ātum : legat 2,189.
-*atum *eig. obl.* : Aquilat 2,190.

auche ¹) (*aut ce*).

-alet ecce hoo : vaut ce 1,474.
-allicat : chevauche 1,475.

aune.

-albinus : jaune 2,40.
-éllaunodunum (?) *eig. obl.* : Biaune 2,39.

aus.

1) -*aoulos : travaus *) 1,575.
-alos : maus 1,574.
2) -alis *m. n.* : 2,103-4; 3,97-98.
3) -alus : maus 1,232.
illos : aus 1,231.

aut.

1) -allit *prs.* : faut 1,240.
-alvat : saut 1,239.
2) -alte : haut 1,302.
-*audum *obl.* : bliaut (*kymr.* bliant) 1,301.

é (*ei* 3,253).

-atem : bonté 3,40; charité 4,107;

esté 1,284; 3,46; volenté 1,213; voleté 4,429 — 1,546-47; 3,9-10. 101-2. 249-50. 253-54; 4,77-78. 140-41.
-ati *part.* : assamblé 4,428; sormonté 3,39 — 4,316-17.
-*ati *n.* : vanité 4,108.
-atum *subst.* : oré 1,287; pré 1,167; *adj.* gouté 1,283; *part.* dementé 1,214; destempré 1,168; enfloré 1,288; esté 3,45; gabé 1,263 — 4,380-81.
-*adum *) *subst. obl.* : abé 1,264.

eax (vgl. *eus*).

èce.

1) -aeciam *eig.* : Grece 1,60.
-ěciem : espece 1,59.
2) -itiam : jonece, viellece 1,490-91.

ée.

-ata : alée 1,414; coronée 3,140; enamorée 1,129; esgarée 4,401 — 1,371-72; 4,406-7.
-atam *subst.* : contrée 4,400; demorée 1,130; *part.* armée 4,134; donée 3,139; meslée 1,415.
-*atham : espée 4,135.

éf.

-ave : soef 3,243.
-avem : clef 3,244.

effes.

-*aphas : greffes 4,252.
- ? *obl.* : beffes 4,253 (*vermutl. dtsch.*)

eille (vgl. *elle, oile*).

-ēla : chandeille *) 1,395.

---

1) Solche gebrochene Reime begegnen nicht mehr in unserem Text; obigen citiert auch Tobler, Vom französischen Versbau, 2. Aufl. p. 125.

2) J. Spiess, Unters. über d. lyr. Trouvères belges des 12—14. Jahrh. Marburg 1884. p. 13 setzt fälschlich -*allos* an.

3) Ueber den Ursprung dieses Wortes, welcher nicht ganz sicher, vgl. Diez, E. W. unter *badare*.

4) *chandeille* der Hs. D für *estincele* eingesetzt mit G. Paris.

-ilia : merveille 1,131.
-iliam : merveille 1,394.
-iliat : conseille 1,132.

else.

-ēdecim : 4,148-49.

él.

-alem *m.* : tel, mortel 3,21-22.

èl.

1) -*elli *subst.* : tupinel 4,346; *adj.* isnel 4,347.

2) -ellum*obl.* : fiablel, tablel 3,255-56.

éle.

-ella *eig.* : Mousele 2,114; *subst.* damoisele 1,434; gravele 1,385.

-ellam *eig.* : Rocele 2,113; *subst.* sele 1,435 — 1,383-84; 2,17-18. 107-8; 4,360-61; *adj.* novele 3,108.

-ellat : apele 1,387; renovele 3,107.

-illa : cele 1,121.

-illam : estancele 1,122; maisselel,386.

èles.

-ellas : vieles, fleuteles 4,176-77.

elle (vgl. *eille*).

-igila ¹) *imper.* : velle 8,154.

-*iliam : mervelle 3,153.

ence.

1) -entia *eig.* : Science 4,79.

-entiam *eig.* : Plesence 2,21; *subst.* science 4,5; tence 4,80 — 1,570-71; 3,19-20.

-entiat : tence 4,6.

-inciam *eig.* : Provence 2,22.

2) -entius *eig.*:Prudence,Terence4,210.

ende.

-*indam : bende (*goth.* binda) 1,293.

-endat : amende 1,294.

endre.

-endere : reprendre 1,185 — 1,3-4. 127-28; prandre, esprandre 343-44. 562-63; 3,133-34; 4,260-61.

-inor : mendre 1,186.

enes (*esnes*).

-ēdones *eig. m. obl.* : Renes 2,73.

-ētinas : resnes 2,74.

ent (*ant*).

-antum : tant ⁹) 3,29.

-endit : descent 1,484; 4,158; entent 3,30 — 1,309-10.

-ēnitum : gent 1,503.

-ente : honteusement 1,485; mortelment 1,24 — 1,177-78. 239-40. 269-70. 436-37. 499-500; 4,65-66.

-entem : gent 1,67. 502; 2,112; 3,56; 4,122. 126; *adj m. n.* dolent 2,88.

-entum *eig.* : Meulent 2,87; *subst. obl.* argent 1,68; 2,111; 3,55; 4,123. 127; escusement 1,23; vent 4,354; *num.* cent 4,159.

-inde : sovent 4,355.

2) -ent(i)o : 1,209-10.

ente.

-ēmitam : sente 3,2.

-entat : demente 1,355.

---

1) Sehr falsch interpretiert Héron diesen Vers, wenn er in seinem Glossar *velle* = *veuille* setzt. Die Lautgesetze sowohl als auch besonders die Construction des Verbums schliessen eine solche Deutung aus.

2) Der Interpretation, welche Héron diesem Verse giebt (cf. sein Glossar unter *entant*), kann ich mich nicht anschliessen, da im Altfrans. ein adj. *entant* = *attaché* überhaupt nicht existiert hat. Ich fasse, wie auch P. Meyer (cf. Rom. I 206) zu wollen scheint, *entant* als adv. der Zeit, wodurch die Uebersetzung des Verses eine befriedigende wird. Ueber weitere Belege von *entant* als adv. cf. Stengels Wörterbuch, A. u. A. I. In letzterem Falle würde eine neue Bindung von nas. *an* und *en* vorliegen.

-entham : mente 1,356.
-ent(i)at c. : sente 3,1.

entes.

-*entas : atentes, tentes 4,434-35.

enz.

-entos:oingnemenz,ferremenz 4,115-16.

ér.

1) -are : aviler 2,96 — 1,47-48. 63-64.
149-50. 171-72. 255-56. 313-14.
450-51. 454-55. 458-59. 530-31.
552-53. 558-59; 2,151-52; 3,71-72.
281-32; 4,198-99. 396-97.
-*aram cig. obl. : Aviler 2,95 — 2,29-30.
2) -arem adj. m. n. : per 3,105.
-are : comper 3,106.

ér.

-ernum obl. : enfer 3,219.
-errum obl. : fer 3,220.

èrbe.

-erbam : erbe 1,452; 4,262.
-*erbam : averbe 4, 263; proverbe
1,453.

èrbes (ebles).

- ? gerbes 4,182.
-*iplas : trebles 4,183.

ère (cf. aire).

ére.

-ara : amere 1,66. 551; 4,240.
-ater : mere 1,65.
-ator : amere 1,550.
-atrem : mere 4,241.

érent.

-arunt (st. averunt) : entrerent 4,309
— 2,69-70; 3,37-38.
-érant : erent 4,308.

erme.

-erminum : terme 3,246.
-irmat : deferme 3,245.

erre.

-aerere : enquerre 1,89; querre 2,13.
-*erra : guerre 4,173.

-erram cig. : Engleterre 2,116; subst.
terre 1,90; 2,14; 4,172. 237 —
2,182-83.
-*erram : guerre 4,236 — 2,35-36.
- ? herre 2,115.

érs.

-*aros (?) : gemers 4,10.
-ëros cig. : Omers 4,9.

èrs.

- ? : vers 4,14 (s. Index).
-ersum subst. : vers 4,13; adv. en-
vers 4,422.
-ersus subst. obl. : vers 4,423.

erse.

-ersa cig. : Perse 4,207; adj. per-
verse 4,93.
-ersam cig. : Perse 4,94; adj. en-
verse 4,206.

ert.

1) -*ér(i)git : aert 1,392.
-[e]r(a)otum : souffert 1,393.
2) -*ertus cig. : Robert, Hubert
4,101-2.

erte.

-erditam subst. : perte 1,501; 3,68.
-ertam : aperte 1,500.
-ervitam subst. : deserte 3,67.

ès.

-*ittus cig. : Panfiles, Theaudeles
4,338-39.

esce.

-itiam : proesce, leesce 4,300-301.

esse.

-issam subst. : conterresse, messe
4,162-63.

est.

1) -aset : plest, test 1,223-24.
2) - ? lès[t] 3,28.
-est : est 3,27.

este.

-esta, cig. : Digeste 4,366.

-estam : feste 1,162; teste 1,483; 4,367
— 2,147-48.
-estat : arreste 1,161.
-estiam : beste 1,482.

estre.

-ascere : pestre 1,166.
-agister : mestre 1,102. 165.
*essere : estre 1,101. 261; 2,164.
-estram : fenestre 1,262.
-estrem : terrestre 2,163.

et.

1) -acit : fet, deffet 1,526-27.
2) -actum part. : atret 1,373; adv.
tret 1,374; vgl. ait.

etes (ete).

1) -acitis : fetes 2,84.
-actae + s : enfretes 2,83.
2) -itta : meschinete 1,361.
-ittae + s : amoretes 1,360. 363.
-ittas : floretes 1,359 — 4,174-75.

etre.

-ittere : entremetre, motre 1,25-26.

eu.

-ŏoum : feu 4,136.
-*ŏpum : leu 4,137.

eure (eurre).

1) -ōra : eure 1,278.
-ōram : eure 1,182. 496.
-ŏrat : demeure 1,181. 277; deveure
1,497.
2) -urrat : queure 1,350.
-utere : resqueure 1,349.

eus (eax, culs, ex, iex).

1) -ĕlius : meax 3,127.
ŏbi n. : preus 4,201.
-ŏbos : preus 4,124.
- ? subst. m. obl. pl. : preus 4,403.
-ŏbus : preus 4,402; prex 2,126.
ŏculos : eax 3,128; ex 2,125; iex
4,125. 215.

-ōtes obl. : neveus 4,200. 214.
2) -olium + s : deuls 4,2.
-uae + s : deus 4,1.
3) -osum : precieus 3,110.
-osus : glorieus 3,109.

eut.

-ŏlet : seut 1,187.
-*ŏlet : veut 1,188.

éz.

1) -*atem + s obl. : contralietez 4,97;
ancienetez 4,98.
2) -ates obl.: citez 3,259 — 4,256-57.
-atis prs. i. : amez 1,412; imper.
doutez 3,222; adv. assez 2,135.
-atos subst. : debonairetez 3,83; part.
quassez 2,136 — 4,23-24. 69-70.
118-19. 416-17.
-atus part. : blasmez 1,413; boutez
3,221; enheritez 3,84; recitez 3,260
— 1,476-77. 510-11; 3,13-14. 161-62;
4,238-39.

èz.

1) -actos : fez 1,568.
-ascem (?) : fez 1,569.
2) -ettus eig. : Chatonez 4,337.
- ? subst. obl. : hez [1]) 4,336.

ex (vgl. eus).

i.

-ō : mi 1,235.
-o]edem : merci 1,328; 3,262. 264.
-ŏi: ci 1,327.
-īo : celi [2]) 1,215; li 1,576; 4,457.
-ico : di 1,577.
-ioum eig. obl. : Andeli 3,261; 4,456;
Leheri 4,307—2,37-38. 85-86. 123-24;
subst. ami 1,236.
-ītum adj. : poli 1,426; part. aseri
4,306; deservi 3,263 — 2,53-54.
-*īoem : foli [1]) 1,427.
-īvit : abeli 1,216 — 1,145-46. 267-68.
3,31-32.

---

1) vgl. Index der Reimworte. — 2) vgl. Thomas in Rom. XII 332 ff.

taz.

-*ellus *subst.* : vessiaz 3,195; *adj.* binz 3,196.

taus.

-ellos : — 4,7-8. 274-75. 368-69.

ices.

-escias : nices 4,71.
-ïcias : lices 4,72 — 3,215-6.

id.

-ïdum *eig.* : David 3,241.
-*ïtus : ravid 3,242.

ide.

-ïdius *eig.* : Ovide 4,320.
-j[u]tam : aïde 4,321.

ïe (s. iée).

1) -aeta : lie 1,461.
-ïa *eig.* : Ortografie 4,270; *subst.* vilonie 1,28.
-ïam *eig.* : Astrenomie 4,142; Marie 3,89 — 4,168-69. 284-85; *subst.* compaignie 3,76; escremie 1,252; felonie 1,27; folie 1,460; mestrie 4,341. 414; philosophie 4,90 — 3, 187-88. 4,168-69.
-ïat : contralie 4,415.
-ïca : amie 1,225. (*voc.*) 4,143.
-ïcam : amie 1,305; mie 1,226 — 1, 97-98. 3,171-72; *prs. c.* die 3,199.
-ïcat : senefie 3,200.
-ïta *part.* : snillie 1,217; tarie 3,90.
-ïtam *part.* : aramie 1,251; oïe 1,41; partie 4,340.
-ic]ata *part.* : desploïe 1,42.
-ic]atam *subst.* : clergie 1,257. 3,75. 4,89. 271.
-ïa]ta *part.* : desconseillie 1,218.
-ïa]tam *subst.* : escorgie 1,258; *part.* 4,21-22. 266-67.
-or]ëta ¹) *adj.* : serie 1,304.

2) -itat : escrie 1,398.
-jutet : aïe 1,399.

ïé.

1) -c(i)t]atem : amistié 3,138.
-iet]atem : pitié 3,137. 157.
-pti]atum *part.* : chacié 3,158.
2) ct]ati *part.* : afetié 1,37.
-ct]atum *subst.* : tretié 1,38.
3) -g]atum *part.* : laidengié 1,509.
-(i)c]atum *part.* : vengié 1,508.
4) -it]atum *part.* : oblié 3,178.
-ié (*lat. Endung*) : milicié 3,177.
5) ïdem : — 4,204-5.

iecle (iere).

-aeculum *obl.* : siecle 3,69.
-ariam : meniere 3,70.

ïée (s. ïe).

-ic]atam : — esmiée, versefiée 4,288-89.

ïef.

-*c]apum *obl.* : — 1,199-200. 504-5; 4,392-93.

ïen.

1) -ëm : rien 3,176. 238.
-ëne *subst.*: bien 1,78; *adv.* 3,175. 237.
-*ëum (st. -ûum) : sien 1,77.
2) -i]ani *subst.* : cirurgien 4,100; *adj.* moien 2,67.
-i]anum *eig.* : Precien 4,196; *adj.* ancien 4,197; baien 2,68.
-i]anus *eig.* : Galien 4,99 — 4,326-27.

ïens.

1) -*ëmos (st. fimos) : fiens 4,42.
-i]anos *eig.* : Orliens 4,41; *subst.* gramairiens 4,96; *adj.* anciens 4,95.
2) -ëm + s : niens 3,96.
-ëne + s : biens 3,95.
3) -i]anus : — 4,25-6.

---

1) cf. Tobler, Gött. gel. Anz. 1874. p. 1048.

Ausg. u. Abh. (Fr. Augustin).   2*

ient.

1) -*ė*net : soustient, maintient 1,467-69.
2) -*ė*nit : vient, covient 1,367-68.

ier.

1) -o]are : chevauchier 1,432.
-ic]are : espaacier 4,243; vengier 1,241; versefier 4,11.
-ce]are : lancier 4,242.
-*g]are : landengier 1,242.
-arium *obl.* : figuier 4,12; vergier 1,433 — 4,83-84.
2) -o(i)t]are : plaidier 1,100.
-i]are : souhaidier 1,99 — 1,317-18.
3) -d(u)c]are : mengier 2,197.
-ngi]are : arengier 2,198.
4) -gil]are : esveillier 2,184.
-icul]are : sommeillier 2,183.

iere.

-aria : baniere 3,74.
-ariam : baniere 4,302; maniere 4, 151; meniere 3,73.
-ětro : arriere 4,150. 303.

ierent.

-*ni]arunt : mehaignierent, gaaingnierent 4,228-29.

iers.

1) -arie + s : volontiers 1,179. 438.
-ěgrus : entiers 1,180. 439.
2) -arios : charretiers 2,130; milliers 4,156.
-arius : premiers 4,157.
-arios *eig.* : Poitiers 2,129.

ies (s. *iée*).

-*g]atae + s : herbergies 4,352.
-i]atas : corgies 4,353.

ieve.

-ěvat : lieve 1,279.
-*ěvat : grieve 1,280.

iez.

1) -o]atis : rapaiez 1,425.
-*o]atis : traiez 1,424.
2) -ce]atis : tesiez 1,418.
-ce]atus : rapesiez 1,419.
3) -g]atus *part.* : herbergiez 3,87.
-ic]atus *subst.* : clergiez 3,88.
4) -o]atos *part.* : sacrefiez 4,138.
-i]atos *part.* : forviez 4,139.

igne.

-ignum *adj.* : digne 2,46.
-ygnum *obl.* : cigne [1]) 2,45.

il.

-ille : mil 2,154.
-illud : nenil 4,155.

ile.

-ělium *obl.* ewangile 3,80.
-idium *eig. obl.* : Gile 3,79.

ime.

-ĭma : cinquantime 4,233.
-*imam *eig.* : Barbarime 4,232; *subst.* rime 4,193.
-ismam : sofisme 4,192.

imes.

-*ĭmas : rimes 4,420.
-i(s)mas : sofimes 4,421.

in (*ins*).

1) -ěnum *obl.* : parchamin 3,257.
-ĭnos : chamins 3,258.
2) -ĭnem : fin 1,544.
-ĭnum *subst. obl.* : matin 3,146; vin 2,176; *adj.* latin 3,145.
-*ĭnum *adj.* : fin 1,545.
-ȳrus : martin *) 2,175.

---

1) 2,45 ist mir unverständlich.
2) Der Dichter, meint Héron, hat die Endung modificiert, um dem Reim zu genügen, dem tritt aber G. Paris (Rom. XI 141) entgegen und behauptet, *martin* sei anglon. Form.

ince.

-*incat : recince ¹) 1,76.
-incipes n. pl. : prince 1,75.

ine.

1) -*īna eig. voc. : Katerine 3,169.
-īna adj. voc. : fine 3,170.
2) -*,inam adj. : fine 1,542.
-īnat : fine 1,513.

ins.

-ingos : esterlins 2,122.
-*īnos eig. : Biauvoisins 2,63.
-īnus : sebelins 2,121; voisins 2,64.

ipes.

-*īpas : tripes (kymr. tripa) 4,231.
-īpes eig. n. : Principes 4,230.

iple.

-ipulum obl. : desciple, participle 4,258-59.

ippe (ipe).

-īpa : pipe 3,18.
-īpam : pipe 2,4.
-ippum eig. : Phelippo 2,3. 3,17.

ypre.

-*ypram eig. : Cypre, Ypre 2,15-16.

ique.

-ica eig. : Rectorique 4,304 — 4,218-19.
-ioam eig. : Dyaletique 4,305 — 4,15-16.
224-25. 350-51. 372-73.

iques.

-ioas eig. n. : — 4,216-17; eig. obl.
— 4,290-91.

ir.

-īre : partir 3,35 — 1,5-6. 69-70.
191-92. 311-12. 323-24. 514-15;
3,43-14. 131-32; 4,190-91.
-yram : martir 3,36.

ire.

1) -ĕnior : sire 1,61. 221 (voc.)
-ībere : deserire 3,191.
-īcere : dire 3,192; 4,45 — 1,17-18.
353-54.
īram : ire 1,62; 4,46.
-*īrat : consire 1,222.
2) -ĕrium obl. : empire 1,472.
-īdere : rire 1,473.
3) īra : ire 1,561.
-yrium obl. : martire *) 1,560.

irent.

-īrunt (st. iverunt) : fuirent, deguer-
pirent 4,438-39.

is (iz, uis).

1) -ĕ(n)sum : pris 1,108 — 1,345-46.
430-31.
-ĕtium obl. : pris 1,107.
2) -ex : sis 3,247.
-īo : issis 3,248.
3) -īcus : amis 1,96 (anmis) 2,224;
anemis 4,297.
-īes (st. īes) pl. obl. : dis 3,152.
-īs : lampadīs (lat. gen.) 3,190; pron.
mis (lat. gen.) 4,296.
-īsias eig. : Paris 4,44.
-īsum : paradis 3,151; ris 1,389; 4,43
— 1,211-12
-*īsum part. : mis 1,95 — 1,141-42.
-*īsus : mis 2,223.
-*īse eig. voc. : Guis 1,383.
-īu + s : jadis 3,191.
4) -īsti : — 3,115-16. 159-60.
5) -ītos subst. : preteriz 4,378.
-ītus subst. : cris 1,420; esperis 3,229;
part. peris 3,230 : norriz 4,379.
-*īvus : estris 1,421 — 4,386-87.

---

1) *recince* setzte ich mit G. Paris für *rechine* ein.
2) *martire* ist eine gelehrte Bildung; in volkstümlichen Wörtern wird
sonst griech. *v* wie lat. *u* behandelt; cf. Förster, Z. f. r. Ph. III.

ise (isse).

-*ῑsa : mise 1,444.

-*isam *subst.* : devise 4,34; *part.* entremise 1,445; mise 1 282.

-ῑs(i)am : chemise 1,281.

-*itium *eig.* : Morisse 4,33.

isme (cf. *ime*).

ist.

1) j]acet : gist, sogist 1,204

2) -isset : velst, ocelst 2,75-76; morist, florist 3,65-66.

istre.

-*istri : discretistre 4,444 — 4,27-28.

-*istrum *obl.* : gistre 4,445.

it.

1) -ῑcit : dit 4,281.

-ictum *subst. obl.* : contredit 4,280.

2) -iptum : escrit 3,129.

-istum *eig.* : Crit 3,130.

ite.

1) -ectam *subst.* : desconfite 2,82; *part.* sougite 1,86.

- ? *eig.* : Pierrefrite 2,81.

-yptum *eig. obl.* : Egite 1,85.

2) -ectat : delite 3,218.

-*ῑtam *subst.* : melite 3,217.

ive.

-ῑvam *cj.* : vive 1,201.

-*ῑvem : estrive 1,202.

ivres (yvres).

-*ĕbrius (st. ēbrius), yvres 1,321.

-*ῑbros (st. ῑbros) : livres 1,322.

ix (vgl. *is*).

o.

-audo : lo 3,239.

o (*Buchst.* o) 3,240.

obe.

-*ŏba *eig.* : Macrobe 4,220.

-*aubam : robe 4,221.

oche.

1) -*occam : roche 2,132.

-*occat : acroche 2,131.

2) -ŏpiat : aproche 1,183.

-ŏpium *obl.* : reproche 1,184.

oent.

-audant : loent 1,10.

audiunt : oent 1,9.

oi (oy).

1) -ē : soi 2,9.

-ῑtim : soi 2,10.

2) -ĕdum : palefroi 1,441.

-*ĕdium *obl.* : conroi 2,43; desroi 1,109. 220; 2,153.

-ēgem : roi 1,110. 219; 2,44. 154.

-ῑgidum *obl.* : effroi 1,440.

3) -ŏtum *obl.* : aunoi 1,306.

-ῑco : otroi 1,308.

-ῑd(e)o : voi 1,303. 307. 405.

-ῑde *interj.* : avoi 1,404.

4) -id qoi 1,92.

-(i)ĕtum : qoi 1,91.

5) - ? *eig. n.* : Besançoi 2,138; Laçoy 2,137.

oie.

1) -*audiam *subst.* : joie 3,57.

audiam *prs. c.* : oie 3,58.

2) -ĕbeat : doie 3,7.

-*ῑgita ¹) *obl.* : doie 3,8.

3) -ĕtam : soie 4,62.

-ῑam : voie 1,193; 3,61; 4,61.

-ῑat *prs.* : ravoie 1,194.

-ῑd(e)am : voie 3,62.

4) -ῑcat : esbanoie 1,365.

-*ŏdiat : anoie 1,366.

oient.

-ēbant *impf.* : atendoient 4,318; connoissoient 4,227; moroient 1,36; prenoient 4,349; tenoient 4,448 — 2,143-44; 3,91-92. 103-4; 4,250-51.

---

1) Wegen *doie* — *digita* cf. Mussafia, Jahrb. f. rom. Litter. VIII 128.

278-79; *condit.* estrangleroient 4,449; porroient 1,85.

-***ebant** *impf.* : amenoient 4,319; amoient 4,226; voloient 4,348 — 2,159. ↖

oile (vgl. *eille*).

1) -**ēla** : chandoile 3,235.
-***ēla** (st. stella): estoile 2,188; 3,236.
-***ōlium** *obl.* : apostoile 2,187.
2) -**ēlam** : toile 1,381.
-**ēlet** : çoile 1,382.

oine.

-**ŏnaohi** : moine 2,166.
-**ŏnioi** : chanoine 2,165.

oingne.

-**ōbiginem** : roingne 2,57.
-**undiam** : vergoingne 2,58.

oint.

-**unctum** *subst. obl.* : point 1,124. 480; 3,23; *part.* 1,123; *nég.* 1,481.
-**ungit** : point 3,24.

ointe.

-**ognitam** *adj.* : cointe 1,259 ; *part.* acointe 1,260.

oir.

-**ēre** *subst. obl.* : avoir 2,196; *inf.* apercevoir 1,487; avoir 2,195 — 4,312-13.
-**ōrum** : voir 1,486.

oire (*ore*).

-1) -**ēdere** : croire 3,204.
-**ītrum** *obl.* voire 3,203.
2) -**īgerem** *eig.* : Loire 4,40.
-**ȳterum** : provoire 4,39.
3) -**oriam** : glore 3,117; memoire 3,118.
4) -**orius** *eig.* : Grigoire 4,75; Ysidoire 4,76.

oirs.

-**ērus** *subst.* : soirs 3,12; *adj.* voirs 3,11.

ois (*oiz*).

1) -***ē(n)sos** : françois 2,142.

-***ē(n)sos** *eig.* : Galois 2,117; lrois 2,118.
- ? *subst.* jenglois 2,72.
-**ē(n)sum** : bobançois 2,141; defoiz 1,479. 533.
-***ē(n)sum** *adj.* : Englois 2,71.
-**īoem** : fois 1,478; foiz 1,532.
2) -***ē(n)sus** : cortois 4,440.
- ? *eig. obl.* : Blois 4,441.
3) -**iscum** : dois 2,94.
-**ui**+**s** *eig. obl.* : Vermandois 2,93.
4) -**ītes** *obl.* : sois 2,101.
- ? *eig. obl.* : Ausois 2,102.
5) - ? *eig. obl.* : Samois, Gastinois 2,31-32.

oise.

1) -***ē(n)sa** *voc.* : cortoise 1,20.
-**ē(n)sat** : poise 1,19.
2) **Ēsiam** *eig.* : Oise 2,180.
-**īsiam** : cervoise 2,179.

oit.

-**ēbat** *impf.* : estoit 3,135; savoit 3,81; venoit 4,298 — 1,155-56; 3,143-44. 185-86; *condit.* vaudroit 1,32 — 2,199-200; *vgl.* ait.
-***ēbat** *impf.* : declinoit 4,299 — 2,171-72.
-**ectum** : endroit 1,31.
-***īat** : soit 3,82. 136.

oive.

-**īp(i)at** *prs. c.* : aperçoive, deçoive 1,377-78.

oivent.

-**ēbent** : doivent 1,554.
-**īp(i)unt** : reçoivent 1,555.

oiz (cf. *ois*).

ŏl.

-**ollo** : afol 1,206.
-**ollum** *obl.* : col 1,442; *adj.* : fol 1,205. 443.

ŏle.

-**ŏlam** : escole 4,88. 399; estole 2,49.

-ŏlat : vole 4,398.
-ollam : fole 1,118; 2,50; 4,87.
-ellat : afole 1,117.

òles.

-abolas : paroles 4,248.
-ollas : foles 4,249.

ols vgl. os.

om (um).

-ŏmo : hom 1,520.
-úm : ipsum 1,521.

ombre.

umbram : ombre 4,146.
-ŭmerat : nombre 4,147.

omme.

-ŏminem : homme 1,112.
-umma : somme 1,111.

on (um).

1) -ōnem eig. n. : Balsamon 4,35;
obl. Platon 4,17. 188; subst. n.
clerçon 2,178; obl. achoison 1,227;
bouton 4,18; leçon 2,177; menton
4,189; plonjon 3,1; saumon 4,36 —
1,195-96; 3,59-60. 111-12; 4,59-60.
376-77.
-ōnes n. : baron 1,228.
- ? obl. : jon 3,198.
2) -ōnum obl. : randon 4,286 — 3,51-52;
4,180-81 (n). 322-23.
? eig. : Macedum (Fremdwort) 4,287.
3) - ? eig. obl. : Melyon, Yon 2,25-26.

one (onne).

-ōna : persone 2,203.
-*ōnam eig. : Nerbone 2,23.
-ōnat : done 2,204; donne 1,246 —
1,512-13.
-*onnam eig. : Quarquassonne 2,24;
subst. nonne 1,245.

onde.

- ? blonde 1,295.

-ond(e)at prs. c. : tonde 1,296.

ondre.

-endere : respondre 4,265.
-ōnere : repondre 4,264.

onques.

-*ōnique+s ¹) : donques 1,147. 329
-unquam+s : onques 1,148. 330.

ons.

-ōnes eig. obl. : Chaalons 2,53 —
2,91-92; subst. compaignons 2,89;
talons 2,54 — 1,33-34; 4,129-30.
276-77. 384-85. 388-89.
-*ūmus : plaignons 2,90 — 1,572-73.

ont.

1) -abunt fut. : 4,430-31. 452-53.
2) -ŏnet : semont 1,448.
-undum : mont 1,449.
3) -ōnit : repont 4,405.
-entem eig. : Pont 4,404.

onte.

1) -ŏmites n. : conte 4,161.
-omputum : conte 4,160.
2) -omputat : conte 1,157.
-*ōnitam : honte 1,158. 237.
-ontat : monte 1,238.

ontes.

-ŏmites obl. : contes 2,191.
-omputus : contes 2,192.

òr.

aurum : or 1,73.
-aurum : tresor 1,74.

ór.

1) -ōrem subst. obl. : aumaçor 2,7
adj. major 1,87. — 1,53-54. 175-76.
4,310-11.
-urnum : sejor 1,88.
2) -*urnum subst. : ator 1,266. 471;
4,412; adv. entor 4,419.
-urrem : tor 1,265. 470; 4,413. 418.

---

1) dŏnique für dēnique; von Förster aufgestelltes Etymon., cf. Rom.
Forsch. I 323.

orc.

- ? *eig. obl.* : Tailleborc 2,19; Trene-
borc 2,20.

òrde.

-*ord(i)a : descorde 4,4.
-ordat : acorde 4,3.

òrdes.

-*ord(i)as : descordes, concordes
4,113-14.

òre.

-āc hōra : ore 1,326.
-audere : clore 1,325.

órs.

1) -ōres *obl.* : auctors 4,273 — 1,357-58.
-*ornos : retors 4,272.
2) -ursum : 4,222-23. 408-9.

òrs ¹).

-aurus : tresors 3,165.
-ōrem + s *voc.* : confessors 3,164.

òrs.

1) -orpus *n.* : cors 3,214.
-*ors *m.* : misericors 3,213.
2) -ortes *subst.* : efforts 4,292; *adj.*
f. n. fors 4,293.
3) -*ortos : confors 4,47.
-ortuus : mors 4,48.

órt.

-urrit : cort 1,45; secort 2,106.
-urtem : cort 1,46; 2,60. 105.
-urtum *adj.* : cort 2,59.

òrt.

1) -ormit : dort 2,202.
-ortum : tort 2,201.
2) -ordet : amort 3,6.
-ortem : mort 3,5.

òrte.

-ortat : porte, deporte 1,297-98. 456-57.

òs.

1) -aulus *eig.* : Pols 3,123.
-ausus : repols 3,124.
2) -orsum : dos 1,446; 4,335.
-os : Achileidos 2,334.
- ? : rados 1,447.

òse.

-ausam : chose 1,290. 376. 523 —
3,193-94.
-ausat : pose 1,375.
-ōsam : rose 1,289-90.
-ossam : glose 1,522.

òsent.

-ausant : chosent 1,138.
*ausant : osent 1,137.

òst.

-ostem : ost 4,166.
-ostum *obl.* : acost 4,167.

òste.

-austat : oste 1,333.
-ospitem : oste 1,334.

òt.

-audet : deslot 1,140.
audit : ot 1,139; 3,41.
-*ottum *obl.* : mot 3,42.

ote (cf. *oute*).

ótes.

-ōtas *n.* : totes 3,48.
-uptas *n.* : rotes 3,47.

òudre.

-*ulguram : foudre 4,436.
-*ulverem : poudre 4,437.

oul.

- ? *eig.* : Bardoul 2,34; Raoul 2,33.

ous (*ous*).

-ōs : nous 2,145; vous 1,272. 488.
-ōsi : savorous 2,146.

---

1) Wir haben hier eine sehr merkwürdige Bindung von lat. *au* : ō,
welche sich wohl nur dadurch erklären lässt, dass wir *confessors* als
gelehrtes Wort betrachten.

-ōtos : toz 2,79.
-ōtus : touz 1,489.
-ulois : dous 1.271.
-uttus : glouz 2,80.

out.
-*ōtum : *obl.* : bout 2,173.
- ? : gout (*Anglicismus*: good) 2,174.

oute (*ote*).
-ōtam *subst.* : mote 4,213; *adj.* tote 1,134. 423; toute 1,163; trestoute 4,333.
-otilem *eig.* : Aristote 4,212.
-ūbita : doute 1,133.
-ūbitam : dote 3,210.
-ūbitat : doute 1,422.
-uptam : route 4,332.
-uttam : gote 3,209; goute 1,164.

outes.
-ōtas : 1,566-67.

outre ¹).
-o(n)strat : demoutre 3,202.
ultra : outre 3,201.

oz (cf. *ouz, ous*).

u.
-ūtum *subst. obl.* : escu 4,342; *part.* vaincu 4,343 — 1,494-95.

ubles.
-ūbiles *obl.* : issolubles 4,425.
-ūbilus : nubles 4,424.

ue.
-úta : venue 1,401.
-ūtam : tenue 1,400.

uef (*oef*).
-ŏvem : buef 2,41.
*ŏvum *obl.* : oef 2,42.

ueil (*eil*).
1) -*ĭculum *obl.* : soleil 2,134.

-*ŏli *obl.* : orgueil 2,133.
2) -ŏculum : ueil 2,78.
- ? *eig.* : Argentueil 2,77 — 2,27-28.
3) -*ŏlio : vueil 1,274.
-*olligum *obl.* : acueil 1,273.

uer.
-ŏr *obl.* : cuer 1,15; 3,86.
-ŏrum *obl.* : fuer 1,16; 3,85.

uerre.
-*ŏdrum *obl.* : fuerre 2,150.
- ? *eig.* : Auçuerre 2,149.

uet.
-*ŏtet : puet 1,120.
-ŏvet : muet 1,119.

ueve.
-ŏgat : rueve 1,153.
-*ŏvat : trueve 1,154.

ui.
-ŏdium *obl.* : anui 1,22. 319. 525.
-ūdium *obl.* : estui 1,71.
-ūio : autrui 1,21,524; cestui 1,72; lui 1,326 — 1,105-6.

uide.
-ōgitet : cuide 1,341.
-ūdium *obl.* : estuide 1,342.

uire.
-ūcere : destruire, construire 4,458-59.

uis.
-ostea : despuis 1,411.
-*osco : puis 1,410; 3,93 — 1,331-32.
-ūteus : puis 3,94.

uit.
1) -octem *n.* : mienuit 3,33.
-*ŏdiet : anuit 3,34.
2) -ūcit : conduit, deduit 1,462-63.
3) -*ūctum : conduit 3,141-42.

---

1) P. Meyer (Rom I 206) bezeichnet diesen Reim als einen *rime peu commune;* dagegen vgl. die von G. Paris für unsern Dichter nachgewiesene Verstummung des *s* vor Consonanten.

utte [1]).

-uota : luite 1,126.
-*u]ieta : quite 1,125.

ume.

-*ümen*) : coustume *n.* 1,7; enfrume
  o. 1,8.

un.

ünum : un 2,140.
-ünum *eig. n.* : Ysoudun 2,139.

une.

unam : une 1,151.
-*or(e)at : rancune 1,152.

ure.

-üra : nature 1,409.
-üram : aventure 1,408 — 1,285-86.
  540-41; 4,91-92.

urent.

-ŏ'vuerunt - esmurent 4,31.
-ü'erunt : furent 4,32.

ust.

-üisset : deüst, eüst 1, 291-92.

ut.

1) *ŏgnit : lut 3,119.
-ĭcuit : lut 3,120.
2) -üit : arestut, estut 3,63-64; morut,
  corrut 3,163-64.

uve.

-*üvam : cadruve 4,55.
-üpam : cuve 4,56.

ux.

1) -ullus : nuz 3,183.
üsum : uz 3,184.
2) -ütus *adj.* : chenuz 1,338; *part.*
  devenuz 1,337.

---

1) Die Reimbindung *quite* — *luite* lehrt, dass unserm Dichter der Diphthong *ui* schon ein steigender war.
2) Vgl. J. Rothenberg, Die Vertauschung der Suffixe in der franz. Sprache. Göttingen 1881. p. 85 ff.

Reimindex.

abandone prs. i. 3 s. *hingeben* 1,513
— abandona prt. 3 s. 1,82; 3,181.
abé (en) *auf der Lauer* 1,264.
abeli 3 s. *gefallen* 1,216.
Achileidos *Gedicht des Statius* 4,334.
achoison obl. s. *Grund* 1,227.
acointe *erfahren* 1,260.
acorde 3 s. *stimmen* 4,3.
acost obl. s. *Nähe* 4,167.
acroche 3 s. *ergreifen* 2,131.
acueil obl. s. *Aufnahme* 1,273.
adrecie part. *sich wenden* 4,266.
aert 3 s. *ergreifen* 1,392.
afaire obl. s. *Beschaffenheit* 1,14 (afere); Angelegenheit 1,84 429. 517 (afere).
afetié *geneigt* 1,37.
afol 1 s. *schlechter werden* 1,206 —
afole 3 s. 1,117.
aguillon obl. s. *Stachel* 4,59.
aïde obl. s. *Hilfe* 4,321.
aïe prs. c. 3 s. *helfen* 1,399 — aidant ger. 4,864.
aigres n. s. *eifrig* 1,340.
aïr obl. s. *Heftigkeit* 4,191.
Alemant n. pl. 4,446 — Alemanz obl. pl. 2,109.
alemele obl. s. *Klinge* 4,360.
aler *gehen* 1,451; 3,231; 4,397 —
alée 1,414; 4,406.
Alixandres n. s. 3,79 — Alixandre obl. s. 1,79.
amant obl. s. *Liebender* 1,136 —
amanz obl. pl. 1,564.
ambre obl. s. *Bernstein* 2,162.

ame obl. s. *Seele* 1,407; 3,228.
amende 3 s. *verschönern* 1,294.
amenoient 3 pl. *herbeiführen* 4,319
amenez 4,69.
amer *lieben* 1,150. 530 — aim prs. i. 1 s. 1,362; amez 2 pl. 1,412 —
amoient impf. i. 3 pl. 4,226.
amere 1) n. s. *Liebender* 1,550. 2) n. s. *bitter* 1,66. 551; 4,240.
amie *Freundin* 4,143 — obl. s. 1,98. 305; 3,172 — voc. s. 1,225.
amis n. s. *Freund* 1,96. 224 (anmis) — ami obl. s. 1,236.
amistié obl. s. *Freundschaft* 3,138.
amonter *sich erheben* 1,64.
amor obl. s. *Liebe* 1,176; 4,311 —
amors obl. pl. 1,358.
amoretes n. pl. *Liebelei* 1,360. 363.
amort 3 s. *sich eifrig bemühen* 3,6.
amusez *zum besten haben* 1,511.
ancien obl. s. *alt* 4,196 — anciens obl. pl. 4,95.
ancienetez obl. s. *Altertum* 4,98.
Andeli *Henri d'A.* 2,124; 3,261; 4,456.
anemis n. s. *Feind* 4,297.
Angeli obl. 2,123.
angles obl. pl. *Engel* 4,390.
anoie prs. i. 3 s. *betrüben* 1,366 —
anuit[1]) c. 3 s. 3,34.
anormales obl. pl. 4,382.
Anticlaudien *lat. Gedicht des Alain de Lille* 4,327.
anui obl. s. *Aerger, Verdruss* 1,22; 319,525.
anz obl. pl. *Jahr* 4,410.

---

1) Weshalb Héron im Glossar *anoie* und *anuit* trennt, ist mir unverständlich, da er doch sonst die verschiedenen Tempusformen eines Verbums zusammenstellt.

aparance obl. s. *Erscheinen* 4,362.
apartenoient *angehören* 3,103.
apele prs. i. 3 s. *rufen* 1,387 —
apela prt. i. 3 s. 3,25.
apercevoir *bemerken* 1,487 —
aperçoive prs. c. 3 s. 1,377.
aperte obl. s. *offenkundig* 1,500.
apertement *deutlich* 1,499.
apointer *vorbereiten* 1,255.
apostoile obl. s. *Papst* 2,187.
aprendre *lernen* 1,4. 343. 562; 4,261
— aprenant *ger.* 1,347.
apresure obl. s. 1,541 »instruction,
science, tout ce qu'on apprend, dont
on contracte l'habitude«. (Godefroy).
aprochier *sich nähern* 1,317 —
aproche 3 s. 1,153.
Aquilat obl. 2,190.
aramie *sich feierlich verpflichten*
1,251.
Arcbitraine obl. s. 4,283.
ardans part. prs. m. n. s. *brennend*
3,226 — ars part. prt. 4,38.
arengier *anordnen* 2,198.
argent obl. s. *Silber, Geld* 1,68;
2,111; 3,55; 4,123. 127.
Argentueil obl. 2,28. 77.
Aristote obl. s. 4,212.
armée *bewaffnet* 4,134.
arrestance obl. s. *Aufenthalt* 1,30.
arreste prs. i. 3 s. *bleiben* 1,161 —
arestut refl. prt. i. 3 s. 3,63.
arriere *zurück* 4,150. 303.
arrivant ger. *begegnen* 1,56.
ars obl. pl. *Kunst* 4,67. 104. 330.\
aseri *Abend werden* 4,306.
assamblé *vereinigen* 4,317. 428 —
assamblez 4,24.
assavoré *schmecken* 4,381.
assentir *einwilligen* 3,43 — asent
1 s. 1,210.
assez *genug* 2,135.
astre obl. s. 4,112.
Astrenomie obl. 4,142.
Ataines obl. 1,315.
atendoient 3 pl. *erwarten* 4,316.
atentes obl. pl. *Zögerung* 4,434.
ator obl. s. *Zurüstung* 1,266. 471; 4,412.
atornerent *sich wenden* 2,70.
atrere *herbeiziehen* 1,369 — atret
1,373.

auctors obl. pl. *Autor* 4,273.
Auçuerre n. 2,149; obl. 2,36.
aumaçor obl. s. 2,7 »titre de dignité
chez les Orientaux, émir, gouver-
neur, et de plus, expression servant
à qualifier celui qui est doué de
bravoure«. (Godefroy).
aumaire obl. s. *Bücherschrank* 4,30.
235.
aunoi obl. s. *Erlengehölz*[1]) 1,306.
aus pron. prs. m. obl. pl. 1,231.
Ausois obl. 2,102.
autorez obl. pl. *kleiner Autor*[2])4,416.
autoriaus obl. pl. = autorez 4,7.
275. (auctoriaus).
autoristre adj. m. n. pl. »qui sou-
tient les auteurs, défenseur des
auteurs«. (Godefroy). 4,27.
autrui pron. m. obl. s. *anderer* 1,21.
524 — f. obl. s. 1,106.
Auviler obl. *Hautvillers*, Marne
2,29. 95.
avaines n. pl. *Hafer* 4,451.
avaler *hinabsteigen* 3,232 — avalle
3 s. 3,233.
aventure obl. s. *Missgeschick* 1,408.
averbe obl. s. 4,263.
aviler *erniedrigen* 2,96.
avis n. s. *Meinung* 1,211.
aviver *beleben* 2,152.
avocatiaus obl. pl. »petit avocat«
4,368.
avoi 1,404.
avoir 1) obl. s. *Habe, Gut* 2,196.
2) *haben* 2,195; 4,312 — auroit
condit. 3 s. 2,199 — ai prs. i. 1 s.
1,39 — a 3 s. 1,506.537; 3,208 —
avons 1 pl. 1,573 — ait c. 3 s.
3,125 — avoit impf. i. 3 s. 1,15; ;
3,185 — eüst c. 3 s. 1,292.

Bacheler obl. s. *Knappe* 2,30.
baconnez *zerschneiden* 4,120.
baien obl. s. 2,68; »crevé, en par-
lant de pois et de fèves« (Godefroy).
Balsamon n. 4,35.
baniere n. s. *Banner* 3,74; obl. s.
4,302.
Barbarime obl. s. 4,232.
baron n. pl. *Edelmann* 1,228.
basse obl. s. *niedrig* 1,391.

---

1) Von Héron in s. Glossar mit Unrecht als *aune* wiedergegeben. (G. Paris).
2) Héron sagt im Gl.: *semble signifier citations d'auteurs.*

bataille n. s. *Schlacht* 4,144.
batiaus ¹) obl. pl. *Glockenklöppel* 4,369.
beffes obl. pl. *Lüge* 4,253.
bende obl. s. *Schleier* 1,293.
Besançoi n. 2,138.
beste obl. s. *Tier* 1,482.
Biaune obl. 2,39.
Biauvais obl. 2,52.
Biauvoisins obl. 2,63.
biaz n. s. *schön* 3,196.
bien 1) obl. s. *Gutes* 1,78 — biens obl. pl. 3,95. 2) adv. *gut* 3,175. 237.
blanc obl. s. *weiss* 2,5.
blasma 3 s. *tadeln* 1,528 — blasmez 1,413.
blez obl. pl. *Getreide* 4,23.
bliaut obl. s. *Gewand* 1,301.
Blois obl. 4,441.
blonde obl. s. *blond* 1,295.
bobançois obl. s. *Anmassung* 2,141.
bonté obl. s. *Tugend* 3,40.
bout obl. s. *Schlag, Stoss* 2.173.
boutez *stecken* 3,221.
bouton obl. s. *Knopf* 4,18.
buef obl. s. *Rind* 2,41.

cadruve obl. s. *Quadrivium* 4,55.
ce pron. dem. neutr. n. 1,474.
cela prt. i. 3 s. *verbergen* 3,26 — çoile refl. prs. c. 3 s. 1,382.
cele pron. dem. f. n. s. 1,121.
celi pron. dem. f. obl. s. 1,215.
celier obl. s. *Keller* 4,88.
cent *hundert* 4,159.
certainement *sicherlich* 1,498.
cervoise obl. s. *Bier* 2,179.
cestui pron. dem. m. obl. s. (*ohne* subst.) 1,72.
Chaalons obl. 2,53.
chacié *jagen* 3,158.
chambre n. s. *Zimmer* 2,161.
chamins obl. pl. *Weg* 3,258.
chancelier obl. s. *Kanzler* 4,84.
chançon obl. s. *Lied* 3,59.
chançonnetes obl. pl. *Liedchen* 4,175.

chandoile n. s. *Kerze* 1,395 (chandeille). 3,235.
change *sich verändern* 1,170.
chanoine n. pl. *Canonikus* 2,165.
chanter *singen* 1,313 — chantant ger. 1,380; 4,184.
chaples obl. pl. *Kampf* 4,131.
char obl. s. *Wagen* 4,57.
Charité, Raoul de la Ch. 4,107.
charretiers obl. pl. *Fuhrmann* 2,130.
charront fut. *fallen* 4,431.
Chastel Raoul obl. 2,33.
chat obl. s. *Katze* 1,396.
Chatonez n. 4,336.
chemise obl. s. *Hemde* 1,281.
chenuz n. s. *grau* 1,338.
cheval obl. s. *Pferd* 4,203. 269.
chevauchier *reiten* 1,432 — chevauche 3 s. 1,475.
chief obl. s. *Haupt* 1,99; *Ziel* 1,505; 4,392.
chose obl. s. *Sache* 1,290. 376. 523; 3,193-94.
chosent 3 pl. *tadeln* 1,138.
ci *hier* 1,327.
cigne obl. s. *Schwan* 2,45 (*der Vers bleibt unklar*).
cinquantime *fünfzigste* 4,233.
cirurgien n. pl. *Wundarzt* 4,100.
cité obl. s. *Stadt* 3,10 — citez obl. pl. 3,259.
clamer *rufen* 1,149.
Claudiens n. 4,25.
clef obl. s. *Schlüssel* 3,244.
clerçon n. s. *Geistlicher* 2,178.
clergie obl. s. *Wissen* 1,257; 3,75; 4,89. 271.
clergiez n. s. *Geistlichkeit* 3,88.
clochetes obl. pl. *Glöckchen* 4.174.
clore *schliessen* 1,325.
çoile *vgl.* cela.
coillon obl. s. *Hode* 4,60
cointe obl. s. *kundig, klug* 1,259.
col obl. s. *Hals* 1,442.
commant obl. s. *Befehl* 1,135; 4,447 — commanz obl. pl. 1,565; 2,110.

---

1) Hérons Deutung: *bâtons d'escamoteurs* ist schwerlich aufrecht zu erhalten. Ich kann mich nur G. Paris, Rom. XI 143 anschliessen: »Il s'agit de ces *avocatiaus qui de leur langue font batiaus*; les *batiaus* des escamoteurs, auxquels a pensé M. H., ne sont sans doute pas leurs baguettes, mais ici je comprendrais plutôt *batiaus* comme le pluriel de *batail*«.

compaignie obl. s. *Gefolgschaft* 3,76.
compaignons obl. pl. *Gefährte* 2,89.
compas obl. s. *Stand* 2,66.
comper 1 s. *kaufen, erkaufen* 3,106.
concordes obl. pl. *Eintracht* 4,114.
conduit 1) prs. i. 3 s. *führen* 1,462.
2) obl. s. *Schutz* 3,141; *Art Gesang,
welcher gesungen wurde, während
der Priester sich zum Altar begab*
3,142.
confessors voc. s. *Bekenner* 3,166.
confors obl. pl. *Hilfe* 4,47.
conforta 3 s. *trösten* 4,394.
connestable obl. s. *Konnetabel* 2,98.
connoissance obl. s. *Kenntnis* 4,443.
connoissoient *kennen* 4,227.
conroi obl. s. *Schaar* 2,43.
conseille i. 3 s. *raten* 1,132.
consire, se i. 3 s. *sich bedenken* 1,222.
construcions obl. pl. *Bau* 4,277.
construire *einrichten* 4,459.
contençon obl. s. *Streit* 3,60.
conter *zählen, berichten* 1,43. 454;
3,72 — conte prs. i. 3 s. 1,157 —
conta prt. i. 3 s. 4,165.
conterresse obl. s. *Rechenkünstlerin*
4,162.
contes 1) n. s. *Zählung* 2,192 —
conte obl. s. 4,160. 2) obl. pl.
Graf 2,191 — conte n. pl. 4,161.
contralie *bekämpfen* 4,415.
contraliez obl. s *Widerstreit*;
»faire la c. de qu. ch.« *eine Sache be-
kämpfen, nicht, wie* Godefroy *will:*
»la défendre la soutenir contre
quelq'un« 4,97.
contredire *widersprechen* 1,18. 354.
contredit obl. s. *Widerspruch* 4,280.
contrée obl. s. *Gegend* 4,400.
corgies obl. pl. *Riemen* 4,353.
corona 3 s. *krönen* 2,185 — coro-
née 3,140.
coroucie part. *erzürnen* 4,21.
cors 1) n. s. *Leib* 3,214. 2) obl. s.
Lauf 4,222. 408-9.
cort 1) prs. i. 3 s. *laufen* 1,45 —
queure c. 3 s. 1,350 — corrut
prt. i. 3 s. 3,164. 2) obl. s. *Hof*
1,46; 2,60. 105. 3) obl. s. *kurz* 2,59.
Cortenai obl. 4,50.
cortois n. s. *höfisch* 4,440 — cor-
toise f. voc. s. 1,20.

cotele obl. s. *Gewand* 4,361.
coustume n. s. *Sitte* 1,7.
covient *geziemen, passen* 1,368.
crampes adj. f. obl. pl. 2,56 »qui
a les membres contractés, engour-
dis« (Godefroy).
cremor obl. s. *Furcht* 4,310.
crestienté obl. s. *Christenheit* 3,101.
cris n. s. *Schrei, Geschrei* 1,420.
cristal obl. s. *Kristall* 1,198.
Crit obl. *Christus* 3,130.
croire·*glauben* 3,204.
cuer obl. s. *Herz* 1,15; 3,86.
cuide refl. prs. c. 3 s. *sich denken*
1,341 —.cuiderent prt. i. 3 pl.
3,38.
cure obl. s. *Sorge* 4,91.
cuve obl. s. *Kufe* 4,56.
Cypre obl. 2,15.

damage obl. s. *Verlust* 3,99.
dame voc. s. *Herrin* 1,406.
damoisele n. s. *Fräulein* 1,434 —
obl. s. 2,107.
Danemarche obl. 2,119.
dars obl. pl. *Laugel* (Cyprinus leu-
ciscus)? 4,37.
David obl. 3,241.
deables n. s. *Teufel* 4,105.
debonairetez obl. pl. *Freundlich-
keit* 3,83.
debonnairement *freundlich* 1,177.
270.
declinoisons obl. pl. *Declination*
4,385.
declinoit *declinieren* 4,299.
deçoive c. 3 s. *täuschen* 1,378.
deduit *sich ergötzen, freuen* 1,463.
deferme *aufschliessen* 3,245.
defface *vernichten, zerstören* 1,52.
deffendoient *sich verteidigen* 2,143;
4,250.
deffensables *zur Verteidigung
geeignet* 4,254.
deffet 3 s. *vernichten* 1,527.
defoiz obl. s. *Verbot* 1,479. 533.
defouler *niederwerfen* 4,199.
deguerpirent prt. i. 3 pl. *ver-
lassen* 4,439 — deguerpis 1,142.
deité obl. s. *Göttlichkeit* 4,140.
delices obl. pl. *Vergnügen* 3,216.
delite i. 3 s. *sich ergötzen* 3,218.

demain *morgen* 1,25\.
demaine *sich betragen* 1,159.
demande *verlangen* 3,211.
demente 3 s. *klagen* 1,355 — de-
menté 1,214.
demeure 3 s. *verweilen* 1,181. 277
— demoré 4,380.
demorée obl. s. *Aufenthalt* 1,130.
demontre 3 s. *bedeuten* 3,202.
deporte 3 s. *sich freuen* 1,298. 457
— deportant ger. 1,417.
desapris *verlernt* 1,346.
descent 3 s. *herabsteigen* 1,484;
4,158.
deschainte *ohne Gürtel* 1,300.
desciple obl. s *Schüler* 4,258.
desconfite obl. s. *Niederlage* 2,82.
desconseillie *mutlos* 1,218.
descorde n. s. *Uneinigkeit* 4,4 —
descordes obl. pl. 4,113.
descrire *beschreiben* 3,191.
deserte obl. s. *Verdienst* 3,67.
deservi *verdienen* 3,54. 263.
desloiaus m. n. s. *treulos* 2,104.
deslot prs. c. 3 s. *tadeln* 1,140.
despisoient *verachten* 4,278.
desploie part. *erzählen* 1,42.
despointer *nehmen* 1,256.
despuis *seitdem* 1,111.
desroi obl. s. *Fehler* 1,109. 220; 2,153.
dessavorer¹) »n'avoir pas de goût
pour« (Godefroy) 1,553.
destempré obl. s. *unmässig* 1,168.
destraindre *zwingen* 1,548.
destrucions obl pl. *Zerstörung*
4,276.
destruire *zerstören* 4,458.
detenue *festhalten* 1,400.
deuls n. s. *Schmerz* 4,2.
deus *zwei* 4,1.
deüst *vgl.* doivent.
devenir *werden* 3,131 — devenuz
1,337.
deveure 3 s. *verschlingen* 1,497.
devices obl. pl. *Reichtum* 3,215.
devis obl. s. *Wunsch* 1,212.
devise obl. s. *Wunsch* 4,34.
deviser *erzählen* 3,71.
dez n s. *Würfel* 3,162.
Dialetique obl. s. 4,15. 225. 305.
(Dyaletique).

diapason n. s. *Octave* 4,181.
diatesalon n. s. *Quarte* 4,180.
Digeste *Sammlung von Gesetzen*
4,386.
digne obl. s. *würdig* 2,46.
dire *sagen* 1,17. 353; 3,192; 4,45 —
di prs. i 1 s. 1,577 — dit 3 s. 4,281
— die c. 1 s. 3,199.
dis obl. pl. *Tag* 3,152.
discretistre n. pl. »docteur en
droit canon« (Godefroy) 4,444.
Divinité obl. s. 4,77.
Doctrinal obl. 4,202.
doie 1) obl. pl. *Finger* 3,8. 2) *vgl.*
doivent.
dois subst. m. obl. s. *Tisch* 2,94.
doivent prs. i. 3 pl. *sollen, müssen*
1,554 — doie c. 3 s. 3,7 — deüst
impf. c. 3 s. 1,291.
dolent n. s. *betrübt* 2,88.
donne prs. i. 3 s. *geben* 1,246; 2,204
(done) — dona prt. 3 s. 1,81;
2,186 — donée part. prt. 3,139.
donques *da, dann* 1,147. 329.
donter *bezwingen* 1,63.
dort 3 s. *schlafen* 2,202.
dos obl. s. *Rücken* 1,446; 4,335.
dous voc. s. *lieblich* 1,271.
doute 1) n. s. *Zweifel* 1,133; obl. s.
3,210. 2) prs. i. 3 s. *fürchten* 1,422
— doutez imper. pl. 3,222.
drecie part. *aufrichten* 4,22.
durement *heftig* 1,229.
durer *Stand halten* 1,559 — durera
fut. 3 s. 1,579.

eax *vgl.* ex.
efforça 3 s. *zwingen* 1,536.
effors obl. pl. *Macht* 4,292.
effroi obl. s. *Furcht* 1,440.
Egite obl. s. 1,85.
embrace 3 s. *umfassen* 1,93.
empaintes obl. pl. *Angriff* 2,128.
empanez *befiedert* 4,70 — empenée
1,371.
empire obl. s. *Reich* 1,472.
emprendrai 1 s. *unternehmen, be-
ginnen* 1,49.
enamorée n. s. *voll Liebe* 1,129.
enchantant ger. *bezaubern* 1,379;
4,185.

---

1) Für Hérons Interpretation: *déraisonner* finde ich keinen Beleg.

endroit *grade* 1,31.
endurer *aushalten* 1,552.
enfanz obl. pl. *Kind* 4,41.
enfer obl. s. *Hölle* 3,219.
enferté obl. s. *Krankheit* 3,102.
enfloré *geschmückt* (*mit Blumen*) 1,288.
enfretes part. f. *brechen* 2,83.
enfrume ') adj. f. obl. s. *grämlich, mürrisch* 1,8.
Engleterre obl. 2,116. 181.
Englois obl. s. *englisch* 2,71.
engorgoit *verschlingen* 2,172.
enberitez *in Besitz eines Erbes bringen* 3,84.
enlace 3 s. *verschlingen* 1,94.
enquerre *fragen* 1,89.
ensam(n)ble *zusammen* 1,208. 538; 4,81. 246.
enseler *satteln* 1,450.
entamer *rühren* 1,531.
entant 3,29 *vgl. die bezügl. Anmerkg. p.* 20.
entendre *hören* 1,3 — entent prs. i. 3 s. 1,309; 3,30 — entendoient impf. i. 3 pl. 4,279.
entiers n. s. *ganz* 1,180. 439.
entor *ringsum* 4,419.
entraissent impf. c. 3 pl. *eintreten* 2,61 — entrerent prt. i. 3 pl. 4,309.
entremetre *sich beschäftigen* 1,25 entremise 1,445.
entreprendrai 1 s. *unternehmen* 1,50 — entrepris 1,534.
entretuaissent c. 3 pl. *sich gegenseitig töten* 2,157.
envers adj. o. m. pl. *rücklings* 4,422 — enverse obl. s. 4,206.
erbe obl. s. *Gras* 1,452; 4,262.
esbahir *erschrecken* 4,190.
esbanoie i. 3 s. *sich unterhalten, zerstreuen* 1,365.
eschar obl. s. *Spott* 4,58.
escharsement *selten* 1,230.
escïence obl. s. *Wissen* 3,20.
escole obl. s. *Schule* 4,88. 399.
escorgïe obl. s. *Geissel* 1,258.

escremïe obl. s. *Fechtkunst* 1,252.
escrïe 3 s. *ausrufen* 1,398.
escrit part. n. neutr. *schreiben* 3,129.
escu obl. s. *Schild* 4,342.
escusement obl. s. *Entschuldigung* 1,23.
escusez *sich entschuldigen* 1,510.
esgarder *schauen* 1,458.
esgarée *verirren* 4,401.
esjoïr *sich freuen* 1,6. 312 — esjoï prt. i. 3 s. 1,267.
esmais n. s. *Kummer, Sorge* 1,190.
esmiée *zerstückeln* 4,289.
esmurent *aufbrechen* 4,31.
espace obl. s. *Raum* 4,171.
espancier *den Bauch aufschlitzen* 4,243.
espandre *ausbreiten* 1,80.
espece obl. s. *Gewürz* 1,59.
espée obl. s. *Schwert* 4,135.
esperis n. s. *Geist* 3,229.
esprandre *entflammen* 1,128.
essaia prt. i. 3 s. *versuchen* 2,170 — essaiant ger. 1,557.
essaucle part. *zu Rang erheben* ²) 4,267.
Estace n. s. 4,209.
estal obl. s. *Stellung* 1,492.
Estampes obl. 2,55.
estancele obl. s. *Funke* 1,122.
estanche 3 s. *aufhören* 1,29.
esté 1) obl. s. *Sommer* 1,284; 3,46. 2) *vgl.* estre.
estendre *ausstrecken* 4,260.
esterlins obl. pl. *Esterling* 2,122.
estinceloient *unruhig werden* 2,160.
estoile n. s. *Stern* 2,188; 3,236.
estole obl. s. *Stola* 2,49.
estrange obl. s. *fremd* 1,169.
estrangleroient cond. 3 pl. *erwürgen* 4,449.
estre *sein* 1,101. 261; 2,164 — est prs. i. 3 s. 3,27 — soit c. 3 s. 3,82. 136 — estoit impf. i. 3 s. 3,135 — erent 3 pl. 4,308 — furent prt. i. 3 pl. 4,32 — esté part. prt. 3,45.

---

1) Vgl. G. Paris, Rom. XI 143: (*Enfrume faire l'*) ne signifie pas »faire la moue«, mais »faire l'homme de mauvaise humeur«; cf. Tobler Zeitschr. V, 197.
2) Hérons Deutung: *acclamée* ist nicht zu rechtfertigen; schon G. Paris machte darauf aufmerksam; vgl. übrigens Godefroy's ausführliche Belege.

estris n. s. *Streit* 1,421.
estriver *streiten* 2,151 — estrive prs. c. 1 s. 1,202 — estrivoient 2,159.
estroitement adv. *fest* 1,269.
estui obl. s. *Gefängniss* 1,71.
estuide obl. s. *Studium* 1,342.
estut prt. i. 3 s. *nötig sein* 3,64.
esveillier *erwachen* 2,184.
etimologie obl. s. 3,188.
Etique n. s. 4,218.
eure n. s. *Stunde* 1,278; obl. 1,182. 496.
eüst *vgl.* avoir.
ewangile obl. s. *Evangelium* 3,80.
ex obl. pl. *Auge* 2,125; 3,128 (eax); 4,125 (iex), 215 (iex).
examplere obl. s. *Beispiel* 1,57.

a *musical. Ausdruck* 4,178-79.
fable obl. s. *Fabel* 2,1 — fables obl. pl. 4,255.
façon obl. s. *Gesicht* 1,195.
ffaille obl. s *Fehler* 4,145.
faindre *sich verstellen* 1,549.
faire *thun, machen* 1,13. 83. 428. 516; 4,374. 455 — fet prs. i. 3 s. 1,526 — fetes 2 pl. 2,84 — faisoit impf. i. 3 s. 3,144 — fesoient 3 pl. 4,251 — feîs prt. i. 2 s. 3,115 — face prs. c. 1 s. 1,51.
fallaces obl. pl. *Täuschung* 4,426.
fame obl. s. *Frau* 1,144.
fanc obl. s. *Kot* 4,194.
faudra fut. 3 s. *im Stiche lassen, fehlen* 1,247; 3,49 — faut prs. i. 3 s. 1,240.
feloníe obl. s. *schlechte Gesinnung* 1,27.
felons obl pl. *Schurke* 1,33.
fenestre obl. s. *Fenster* 1,262.
fer obl. s. *Eisen* 3,220.
ferremenz obl. pl. *Werkzeug* 4,116.'
feste obl. s. *Fest* 1,162.
feu obl. s. *Feuer* 4,136.
fez 1) obl. pl. *That* 1,568. 2) obl. s. *Last* 1,569.
fiance obl. s. *Vertrauen* 2,194; 4,85.
fiens obl. pl. *Mist* 4,42.
figuier obl. s. *Feigenbaum* 4,12.

fin 1) obl. s. *Ende* 1,544. 2) obl. s. *treu* 1,545 — fine f. voc. s. 3,170; obl. s. 1,542.
fine 1) 3 s. *enden* 1,543. 2) *vgl.* fin.
flabel obl. s. *Fabliau* 3,255.
flanme obl. s. *Flamme* 3,227.
Flavingni obl. 2,37.
fleuteles obl. pl. *Flöte* 4,177.
floretes obl. pl. *Blümchen* 1,359.
florist impf. c. 3 s. *blühen* 3,66.
flors obl. pl. *Blume* 1,357.
fois obl. s. *Mal* 1,478. 532 (foiz).
fol m. obl. s. *närrisch, toll* 1,205. 443 — fole f. obl. s. 1,118; 2,50; 4,87 — foles obl. pl. 4,249.
foli[1]) prs. c. 1 s. *eine Thorheit begehen* 1,427.
folie obl. s. *Thorheit* 1,460.
fondi prt. i. 3 s. *schmelzen, sich auflösen* 3,31.
fontaines obl. pl. *Quelle* 4,315.
fontenele obl. s. *kleine Quelle* 1,384.
formoisons obl. pl. *Bildung* 4,388.
fors f. n. pl. *stark* 4,293.
forsenez *wahnsinnig* 1,476.
forvíez *verirrt* 4,139.
foudre obl. s. *Blitz* 4,436.
frains obl. pl. *Zügel,* 4,245.
franc m. obl. s. *frei* 2,6 — franche f. n. s. 1,114.
France obl. s. 1,113; 2,48. 193; 4,86. 442.
françois obl. pl. *französisch* 2,142.
froidure obl. s. *Kälte* 1,286.
fuer obl. s. *Preis* 1,16; 3,85.
fuerre obl. s. *Stroh* 2,150.
fuïrent prt. i. 3 pl. *fliehen* 4,438.

gnaing obl. s. *Gewinn* 4,109.
gaaingnierent *gewinnen* 4,229.
gabé *verspotten* 1,263.
Galíen n. s. 4,99.
Galois obl. pl. 2,117.
Gamaches obl. 4,53.
garant obl. s. *Bürge* 1,518.
garder *hüten* 1,459.
gars n. s. *Knappe* 4,331. 460.
Gastinois obl. 2,32.
generaus m. n. s. *allgemein* 3,98.

---

1) Der Infinitiv dieses Verbums ist nicht *folir*, wie Héron in seinem Glossar annimmt; vielmehr lautet derselbe *foloier*, worauf auch schon G. Paris aufmerksam machte.

gent 1) obl. s. *Volk* 1,67. 502; 2,112; 3,56; 4,122. 126. 2) adv. *artig, schön* 1,503.
gerbes obl. pl. (?) 4,182.
getas *befreien* 3,114.
Gile obl. s. 3,79.
Giometrie obl. 4,168.
gist prs. i. 3 s. *liegen* 1,203.
gistre obl. s. *Lager* 4,445.
glomeriaus obl. pl. »clercs dont on fait peu de cas« (Jubinal) 4,8.
glore obl. s. *Ruhm* 3,117.
glorieus m. voc. s. *ruhmreich* 3,109.
glose obl. s. *Erklärung* 1,522.
glouz voc. s. *verbrecherisch* 2,80.
gomers [1]) obl. pl. 4,10.
gonfanon obl. s. *Banner* 4,323.
gout *Anglicismus* 2,174.
goute obl. s. *Tropfen* 1,164; 3,209 (*Negationsverstärkung*).
gouté *getropft* 1,283.
gramaire n. s. *Grammatik* 1,249; obl. s. 4,29. 234. 454.
gramairiens obl. pl. *Grammatiker* 4,96.
Gramatique obl. s. 4,373.
gravele n. s. *Sand* 1,385.
Grece obl. 1,60.
greffes obl. pl. »stylet pour écrire« (La Curne de S. Pal.) 4,252.
grieve 3 s. *verdriessen* 1,280.
Grigoire n. s. 4,75.
guenelons obl. pl. *Verräter* 1,34.
guerre n. s. *Krieg* 4,173; obl. s. 4,236.
Guis voc. s. 1,388.
hantaissent *häufig hin kommen* 2,62.
haut *laut* 1,302.

hautaines obl. pl. f. *hoch* 4,314.
herbergiespart. n. pl. f. *beherbergen* 4,352 — herbergiez 3,87.
heritages obl. pl. *Erbe, Besitzung* 4,73.
herre == *Herr* 2,115.
hez [*]) obl. pl. »sorte de bouclier« 4,336.
hom n. s. *Mensch* 1,520 — homme obl. s. 1,112.
honorablement *ehrwürdig* 1,436.
hontage obl. s. *Schande* 1,158. 237.
honteusement *schimpflich* 1,178. 485.
Hubert n. s. 4,102.

imperatis obl. pl. 4,387.
ipsum *Latinismus* 1,521.
ire n. s. *Zorn* 1,561; obl. s. 1,62; 4,46.
Irois obl. pl. 2,118.
isnel n. pl. *schnell* 4,347.
issi *so* 3,248.
issolubles obl. pl. *unlösbar* 4,425.

jadis *einst* 3,189.
jangles obl. pl. *Geschwätz* 4,391 — janglois s. 2,72.
Jargueil obl. 2,27.
jaune[s] m. n. s. *gelb* 2,40.
joie obl. s. *Freude* 3,57.
jon n. s. *Docht (nach* Héron) 3,198.
jonece obl. s. *Jugend* 1,490.
jugoit *richten* 2,171.

Katerine voc. 3,169.

la *da* 3,162. 174. 207.
Laçoy n. 2,137.
laine n. s. *Wolle* 1,466.

---

1) »gomer ne signifie pas 'gosier'; E. du Méril, pour se donner le plaisir de rapprocher ce mot de l'islandais *gumr* (c'est-à-dire *gum*, dtsch. *Gaum*) a prêté ce mot au patois normand et lui a prêté ce sens; *gomer*, ici et ailleurs, signifie »coupe de bois« (G. Paris, Rom. XI 144).

2) Héron giebt diesem *Hez* die Bedeutung: *pieu à palissade;* ich kann ihm aber nicht zustimmen, denn meiner Ansicht nach ist die eigentliche Bedeutung: *sorte de bouclier,* welche La C. de S. Pal. und Godefroy belegen. Die von Héron citierten Stellen sind überdies für seine Behauptung kaum beweiskräftig; sie würden eher dafür sprechen, dass später *hez* von seiner ursprünglichen Bedeutung: *sorte de bouclier,* zu jener von Héron angenommenen gekommen ist.

lampadis *Fremdwort* 3,190.
lampe obl. s. *Lampe* 3,212.
lancier *werfen* 4,242.
langages obl. pl. *Sprache* 4,74. 329.
lapiderent *steinigen* 3,37 — lapidez 3,161.
lasses obl. pl. *elend, müde* 4,357.
latin obl. s. 3,145.
leçon obl. s. *Lectüre* 2,177.
ledengier *kränken* 1,242 — laidengié 1,509.
leesce obl. s. *Freude* 4,301.
legat obl. s. *Legat* 2,189.
legerez obl. pl. *zierlich* 4,417.
Leheri, Mont L. obl. 4,307.
les[t] 3 s. *lassen, verlassen* 3,28 — lessaissent impf. c. 3 pl. 2,157.
leü *lesen* 1,495.
leu obl. s. *Wolf* 4,137.
li *vgl.* lui.
liberaus m. n. s. *freigebig* 3,97.
lices obl. pl. *Schranke* 4,72.
lie f. n. s. *froh* 1,461 — liement adv. 1,437.
liepart obl. s. *Leopard* 4,345.
lieve *sich erheben* 1,279.
Linaies obl. s. 4,63.
livres obl. pl. *Buch* 1,322.
lo 1 s. *loben* 3,239 — loènt 3 pl. 1,10.
logicieniaus obl. pl. *Logiker* 4,274.
Logique obl. s. 4,350. 372 — Logiques n. pl. 4,216.
Loire obl. s. 4,40.
Lombars n. s. *Lombarde* 4,103.
lombars obl. pl. *lombardisch* 4,68.
lontaines n. pl. *entfernt* 1,316.
lui Personalpron. m. obl. s. 1,105; refl. m. obl. s. 1,320 — li m. obl. s. 4,457; f. obl. s. 1,576.
luite n. s. *Kampf* 1,126.
lut 1) prt. i. 3 s. *lesen* 3,119. 2) prt. i. 3 s. *erlaubt sein* 3,120.

Macedum *Latinismus* 4,287.
Macrobe n. s. 4,220.
maigres n. s. *mager* 1,339.
main 1) *frühe, zeitig* 1,254. 2) obl. s. *Hand* 1,364; 4,358. — mains obl. pl. 2,156; 4,19. 121. 244. 324. 432.
maine3s. *führen* 1,465. 468 — menez 1,477; 3,14 (*äussern*).
mains 1) *vgl.* main. 2) comp. *weniger* 2,155; 4,433 — au moins *wenigstens* 4,20 — du mains 4,325.

maint 1) 3 s. *bleiben* 1,115. 2) m. n. pl. *mancher* 1,116 — maintes f. obl. pl. 3,180.
maintient 3 s. *aufrecht halten* 1,469.
maire 3 s. *herrschen* 1, 250. 403. 2) n. s. *Schultheiss* 1,402.
mais *je* 1,189.
maissele obl. s. *Wange* 1,386.
major comp. f. obl. s. *gross* 1,87.
mal 1) obl. s. *Böses, Uebel* 1,197. 493 — maus obl. pl. 1,574. 2) m. n. s. *schlecht, böse* 1,232 — male f. obl. s. 1,243 — males p. pl. 4,383.
maniere obl. s. *Art* 3,70. 73 (meniere); 4,151.
marche n. s. *Grenze* 2,120.
Marie obl. 3,89.
Marli obl. 2,85.
Martien n. 4,326.
martin n. s. *Märtyrer* 2,175 — martir obl. s. 3,36.
martire obl. s. *Qual* 1,560.
masaesma *verachten* 1,529.
matin obl. s. *Morgen* 3,146.
Mauvais obl. s. 2,51.
menx *besser* 3,127.
mehaing obl. s. *Wunde* 4,110.
mehaignierent *verwunden* 4,228.
melite obl. s. *Süssigkeit* 3,217.
Melyon obl. 2,25.
memoire obl. s. *Gedächtnis* 3,118.
mendres m. n. s. *geringer, kleiner* 3,78 (mandres) — mendre f. n. s. 1,186.
menez *vgl.* maine.
mengier obl. s. *Essen* 2,197.
menistre n. pl. *Diener* 4,28.
mente obl. s. *Minze* 1,356.
mentir *lügen* 3,44.
merci obl. s. *Gnade, Dank* 1,328; 3,262. 264.
mere n. s. *Mutter* 1,65; obl. s. 4,241.
merveille n. s. *Wunder* 1,131; obl. s. 1,394; 3,153 (mervelle).
meschief obl. s. *Unglück* 1,200. 504; 4,393.
meschinete n. s. *Mägdlein* 1,361.
mesdisant n. pl. *Verleumder* 1,12.
mesestance obl. s. *unglückliche Lage* 4,133.
meslée *verunreinigen* 1,415.
meson obl. s. *Haus* 4,376 — mesons obl. pl. 4,629.

mespresure obl. s. *Irrtum* 1,540.
mespris part. *unrecht thun* 1,234.
messages obl. pl. *Bote* 2,12.
messe obl s. *Messe* 4,163.
mestre n. s. *Gebieter* 1,102; *Lehrer* 1,165.
mestrie obl. s. *Geschicklichkeit* 4, 169. 341. 414.
metre *stellen, bringen* 1,26 — meïs prt. i. 2 s. 3,116 — mis 1,95. 141; 3,223 — mise 1,282. 444.
Meulent n. 2,87.
mi m. obl. s. 1,235.
mie nég. 1,97. 226; 3,171.
mïenuit n. s. *Mitternacht* 3,33.
mil *tausend* 4,154.
milicié *Fremdwort* 3,177.
milliers obl. pl. *Tausend* 4,156.
mis *Latinismus* 4,296.
misericors m. n. s. *barmherzig* 3,213.
moien n. pl. *mittlere* 2,67.
moine n. pl. *Mönch* 2,166.
Monmorenci obl. 2,86.
mont obl. s. *Welt* 1,449.
monter *steigen* 1,455 — monte prs. i. 3 s. 1,238 (*nützen*) — monta prt. i. 3 s. 4,164
morir *sterben* 3,132 — morroit cond. 3 s. 2,200 — moroient impf. i. 3 pl. 1,36 — morist c. 3 s. 3,65 — mourut prt. i. 3 s. 3,163. — mors 4,48.
Morisse, Jehans de St. 4,83.
mort obl. s. *Tod* 3,5.
mortel m. obl. s. *sterblich* 3,22.
mortelment *tötlich* 1,24.
Mosele f. obl. 2,17 (Moussele), 108; voc. 2,114 (Mousele).
mot obl. s. *Wort* 3,42.
mote obl. s. *Hügel* 4,213.
muet *sich entfernen* 1,119.
musage obl. s *Thorheit* 1,174.

naches obl. pl. *Hinterbacken* 4,54.
Naples obl. 4,130.
Nativité obl. s *Geburt* 3,9. 250.
nature n. s. *Natur* 1,409; obl. s. 4,92.
nenil *nein, nicht* 4,155.
Nerbone 2,23.
neveus obl. pl. *Neffe* 4,200. 214.
nez *geboren* 3,13; 4,239 — née 4,407.
nices m. obl. pl. *närrisch* 4,71.

Nigremance n. 4,132.
nombre 3 s. *zählen* 4,147.
nominatis obl. pl. 4,386.
nonne obl. s. *neunte Stunde* 1,245.
Normendie obl. s. 4,284.
norriz *aufziehen* 4,379.
nous 2,145.
novele obl. s. *neu* 3,108.
nubles m. n. s. *trübe* 4,424.
nuz n. s. *keiner* 3,183.

O 3,240.
obeïssant m. obl. s. *gehorsam* 1,104.
oblïé part. *vergessen* 3,178.
oceïst impf. c. 3 s *töten* 2,76.
oef obl. *Ei* 2,42.
offris prt. i. 2 s. *anbieten, opfern* 3,160.
oingnemenz obl. pl. *Salbe* 4,115.
oïr *hören* 1,5. 311 — oï prt. i. 3 s. 1,146. 268 — ot prs. i. 3 s. 1,139; 3,41 — oent 3 pl. 1,9 — oïe c. 1 s. 3,58 — oïe part. prt. 1,41.
Oise obl. 2,180.
ombre obl. s. *Schatten* 4,146.
Omers obl. pl. 4,9.
onques *je* 1,148. 330.
or obl. s. *Gold* 1,73.
Orace n. s. 4,208.
ore *jetzt* 1,326.
oré obl. s. *Luft* 1,287.
orgueil obl. s. *Stolz* 2,133.
orguilleusement *stolz* 4,60.
Orliens obl. s. 4,41.
oroisons obl. pl. *Gebet* 4,384.
Ortografie n. s. 4,270.
osent i. 3 pl. *wagen* 1,137.
ost obl. s. *Heer* 4,166.
oste 1) obl. s. *Gast* 1,334. 2) i. 3 s. *wegnehmen* 1,333.
otroi 1 s. *sich hingeben* 1,308.
outrage obl. s. *Uebermut* 1,336.
outre *weiter* 3,201.
Ovide n. s. 4,320.
ovrer *arbeiten* 1,47.

pages n. s. *Page* 4,52.
pain obl. s. ? 4,359.
painte *malen* 1,299.
paia *sich aussöhnen* 2,169.
pale m. obl. s. *bleich* 1,244.
palefroi obl. s. *Pferd* 1,441.
pances obl. pl. *Bauch* 4,117.
Panfilès n. s. 4,338.

paradis obl. s. 3,151.
parant m. obl. s. *offenbar* 1,519.
parchamin obl. s. *Pergament* 3,257.
pardon obl. s. *Verzeihung* 3,52.
Parealmaine n. s. 4,282.
parfurnir *erfüllen* 1,514.
Paris obl. s. 4,44.
parla *sprechen* 3,173.
paroles obl. pl. *Wort* 4,248.
part 1) obl. s. *Anteil* 1,275; Seite
4,344 — pars obl. pl. 4,461. 2) *vgl.*
partir.
participle obl. s. 4,259.
partir *scheiden* 3,35 — partiront
fut. 3 pl. 4,430; part. prs. i. 3 s.
1,276 — partie part. prt. 4,340
(*teilen*).
pas 1) nég. 2,65; 3,167; 4,186. 2) obl.
s. *Schritt* 3,205 (en e[s], le pas
schnell) 3,168; 4,187 (isnel le p.).
passage obl. s. *Weg* 3,4.
passe 3 s. *vorübergehen* 1,390.
passion obl. s. *Leiden* 3,111.
Patrenomiques obl. pl. 4,290.
penée *bemühen* 1,372.
per adj. *als* subst. m. n. s. *gleichen
Standes. Genoss* 3,105.
peris *zu Grunde gehen* 3,230.
Perse n. s. 4,207; obl. s. 2,94.
persone n. s. *Rangbezeichnung beim
Klerus* (*vgl.* Du Cange *und* La C.
de Se. Palaye).
perte obl. s. *Verlust* 1,501; 3,68.
perverse n. s. *närrisch* 4,93.
pestre *weiden* 1,166.
Petit Pont obl. 4,404.
Phelippe obl. 2,3; 3,17.
philosophie obl. s. 3,187; 4,90.
pié obl. s. *Fuss* 4,205.
Pierre frite obl. 2,81.

pipe 1) obl. s. *»mesure pour le
vin«* [1]). 2) n. s. *Narzisse* (*vgl.*
Littré, pipe 9) 3,18.
pitié obl. s. *Gnade* 3,137. 157.
place obl. s. *Platz, Stelle* 4,170.
plaidier *scherzen* 1,100 — plai-
dant ger. *unterhandeln* 4,365.
plaies obl. pl. *Wunde* 4,64.
plaignons *klagen* 2,90.
plains m. n. s. *klar, voll* 4,371 —
plaine f. obl. s. 1,464.
Platon obl. s. 4,17. 188.
plere *gefallen* 1,58 — plest prs. i.
3 s. 1,223.
Plesence obl. 2,21.
plonjon n. s. *»*l'anneau ou le ferret,
mergulus . ., quod mergitur in
lampade*«.* (Dies die Deutung von
Héron, welcher auch ich beipflichte).
3,197.
point 1) prs. i. 3 s. *antreiben* 3,24;
part. prt. 1,123. 2) obl. s. *Be-
schaffenheit* 1,124. 480 — *Augen-
blick* 3,23. 3) nég. 1,481.
poise 3 s. *leid thun* 1,19.
poisons obl. pl. *Trank* 4,128.
poissance obl. s. *Macht* 2,47.
poissant m. obl. s. *mächtig* 1,103.
Poitiers obl. 2,129.
poli obl. s. *glatt, fein* 1,426.
Pols m. n. 3,123.
porroient cond. 3 pl. *können* 1,85 —
puis prs. i. 1 s. 1,331. 410; 3,93 —
puet 3 s. 1,120.
porte prs. i. 3 s. *tragen* 1,297. 456 —
porta refl. prt. i. 3 s. *sich befin-
den* 3,252; 4,395 (*einf.* prt.)
pose 3 s. *legen* 1,375.
poudre obl. s. *Staub* 4,437.
pré obl. s. *Wiese* 1,167.

---

1) Héron sagt über *pipe*: »ce mot désigne toute espèce de tuyau; je
crois qu'il signifie ici gosier et oesophage, tuyau qui mène à l'estomac.
Les Anglais appellent encore aujourd'hui wind-pipe, tuyau au vent, la
trachée — artère«. — Dem möchte ich entgegenhalten, dass 'pipe' auch:
'mesure pour le vin, le blé' bedeutet (cfr. La C. de S. Palaye, pipe 4); diese
Interpretation ist vielleicht annehmbarer, indem sie es vor allem überflüssig
macht, dass wir 'tuyau' in übertragenem Sinne nehmen. Vgl. auch G. Paris,
Rom. XI, 144, wo er sagt: »je crois que ce mot désigne le chalumeau avec
lequel les rois, si je ne me trompe, avaient l'habitude de boire«. Zu *pipe*
2) bemerkt er ibid.: »*pipe* III 118 me paraît signifier *»tuyau«*, et être à
peu près synonyme de *duis* et *fontaine* au vers 19«. Nichts destoweniger
ziehe ich obige Bedeutungen vor.

Preciens n. 4,26 — Precien obl. 4,196.
precieus obl. s. *kostbar* 3,110.
premeraine n. s. *erste* 3,155.
premiers n. s. *erste* 4,157.
prendre *ergreifen* 1,127 (prandre), 344 — prenoient 4,349 — pris 1,108. 345. 431 — prenant 1,348.
Preterea 4,294.
preteriz obl. pl. 4,378.
preus 1) obl. pl. *Vorteil* 4,403. 2) vgl. prex.
prex m. n. s. *trefflich* 2,126; 4,402; n. pl. 4,201; obl. pl. 4,124.
prince n. pl. *Fürst* 1,75.
Principes n. 4,230.
pris 1) obL s. *Wert, Preis* 1,107. 2) vgl. prendre.
prisai prt. i. 1 s. *schätzen, rühmen* 1,40 — prisa 3 s. 1,507 — prisant ger. 1,11.
proesce obl. s. *Tüchtigkeit* 4,300.
Propterea 4,295.
Provence obl. 2,22.
proverbe obL s. *Spruch* 1,453.
provoire obl. s. *Priester* 4,39.
Prudence n. s. 4,210.
puis 1) n. s. *Brunnen* 3,94. 2) vgl. porroient.

qoi 1) obl. s. *ruhig, still* 1,91. 2) interrog. neutr. obl. s. 1,92.
quarante *vierzig* 4,152.
Quarquassonne obl. 2,24.
quartaine obl. s. *viertägiges Fieber* 2,168.
quassa *brechen* 3,16 — quassez part. prt. 2,136.
quasses adj. f. n. pl. *vernichtet* 4,356.
querele obl. s. *Streit* 1,383.
querre *suchen* 2,13.
queure vgl. cort.
quintaine obl. s. 2,167: »une sorte de jeu ou de joûte« (vgl. La C. de Se. Palaye).
quiquelique ? 4,16.
quite n. s. *frei, ledig* 1,125.

rabaces obl. pl. *Zorn* 4,427.
rachat obl. s. *Gegenwehr* 1,397 (vgl.

La C. de S. Palaye, Du Cange u. rachetum).
rados [1]) subst. m. obl. s. ? 1,447.
Rains obl. 2,99.
rains obl. pl. *Niere* 2,100
rancune 3 s. *grollen* 1,152.
randon obl. s. *Heftigkeit* 4,286. 322.
rapaiez imper. pl. *befriedigen* 1,425.
rapesiez *besänftigen* 1,419.
rasseürer *beruhigen* 1,558.
ravid part. m. n. *entführen* 3,242.
ravoie 3 s *erinnern* 1,194.
recince 3 s. *reinigen* 1,76.
recitez *erzählen* 3,260.
reçoivent *empfangen* 1,555.
Rectorique n. s. 4,304 — obl. s. 4,224. 351.
redemption obl. s. *Erlösung* 3,112.
regnera *herrschen* 3,265.
remaigne prs. c. 3 s. *verbleiben* 1,351.
Renes obl. 2,73.
renovele 3 s. *erneuern* 3,107.
repessait impf. i. 3 s. *wiederherstellen* 3,126.
repols n. s. *Ruhe* 3,124.
repondre *verbergen* 4,264 — repont 3 s. 4,405.
reprendre *tadeln, anklagen* 1,185. 563; 3,133 — repris part. prt. 1,233.
repris 1) obl. s. *Anklage* 1,535. 2) vgl. reprendre.
reproche obl. s. *Vorwurf* 1,184.
reprochier *tadeln* 1,318.
resnes obl. pl. *Zügel* 2,74.
reson obl. s. *Rede, Grund* 4,377 — resons obl. pl. 4,389.
respondre *antworten* 4,265 — respondi prt. i. 3 s. 1,145; 3,32 — respondoient impf i. 3 pl. 2,144.
resqueurre *sich wieder losmachen* 1,349.
resuscitaz prt.i. 2s. *auferstehen* 3,113.
retaconnez *ausbessern* 4,119.
retenir *zurückhalten* 1,515.
retornerent *zurückkehren* 2,69.
retors obl. pl. *Rückkehr* 4,272.
retraçon obl. s. *Vorwurf, Tadel* (nach Héron: trait?) 1,196.
retruite 1) obl. s. *Verzug* 1,44. 2) vgl. retrere.

---

1) Hérons Deutung »cheval de peu de valeur« ist dem Sinne nach anzunehmen. Nach stützenden Belegen sucht man aber vergebens.

retrere *erzählen* 1,1 — *entziehen*
1,2 — retraite 1,43.
richement *stolz* 4,65.
riens n. s. *etwas* 3,96 — rien obl.
s. 3,176. 238.
rime obl. s. *Reim, Gedicht* 4,193 —
rimes obl. pl. 4,420.
rire *lachen* 1,473.
ris obl. s *Lachen* 1,389; 4,43.
robe obl. s. *Kleid* 4,221.
Robert n. s. 4,101.
Rocele obl. 2,18. 113.
roche obl. s. *Fels* 2,132.
roi obl. s. *König* 1,110. 219; 2,44. 154.
roiaume obl. s. *Königreich* 1,143.
roiaus m. n. s. *königlich* 2,103.
roingne obl. s. *Krätze* 2,57.
rose obl. s. *Rose* 1,289.
rotes *zerreissen* 3,47.
route obl. ·s. *Haufe* 4,332.
rouver *bitten, befehlen* 1,172 —
rueve 3 s. 1,153.

sacrefiez *opfern* 4,138.
sages n. s. *klug* 2,11; 4,51 — sage
obl. s. 3,100; n pl. 3,3.
saillie *springen* 1,217.
Saintes n. 2,127.
saintes voc. pl. *Heilige* 3,179.
sale obl. s. *Saal* 3,234.
salua *grüssen* 3,147.
Samois obl. 2,31.
sanble 3 s. *scheinen* 1,207. 539;
4,82 (samble).
sanc obl. s. *Blut* 4,195.
Sancerre obl. 2,35.
sapience obl. s. *Weisheit* 1,571.
saumon obl. s. *Lachs* 4,36.
saut *erlösen* 1,239.
sauvages n. s. *wild* 4,328.
Savingni obl. 2,38.
savoir *wissen* 4,313 — savons
1,572 — savoit 1,155; 3,81. 186.
savor obl. s. *Geschmack* 1,53.
savorous n. pl. *lieblich* 2,146.
Science n. s. 4,79 — science obl.
s. *Wissenschaft* 1,570; 3,19; 4,5.
sebelins n. s. *Zobel* 2,121.
secors obl. s. *Hilfe* 4,223.
secort 3 s. *unterstützen* 2,106.
secula *Latinismus* 3,266.
seize *sechzehn* 4,149.
sejor obl. s. *Ruhe* 1,88.
sele obl. s. *Sattel* 1,435.

semaine obl. s. *Woche* 1,160.
semont 3 s. *auffordern* 1,448.
senefie 3 s. *bedeuten* 3,200.
sent prs. i. 1 s. *fühlen* 1,209 —
sente c. 3 s. 3,1.
sente 1) obl. s. *Weg* 3,2. 2) *vgl.* sent.
serie n. s. *heiter* 1,304.
sermona *reden* 3,182.
servi *dienen* 3,53.
seut prs. i. 3 s. *pflegen* 1,187 — so-
loient 3,91.
siecle obl. s. *Welt, Leben* 3,69.
sien obl. s. 1,77.
sire n. s. *Herr* 1,61; voc. 1,221 —
seignor obl. s. 1,175.
sis *sechs* 3,247.
soét *sanft* 3,243.
soffriz prt. i. 2 s. *ertragen* 3,159.
sofisme obl. s. 4,192 — sofimes
obl. pl. 4,421.
sogist prs. i. 3 s. *unterwerfen* 1,204.
soi 1) obl. s. *Durst* 2,10 — sois
obl. pl. 2,101. 2) pron. refl. 2,9.
soie obl. s. *Seide* 4,62.
soirs n. s. *Abend* 3,12.
soissante *sechzig* 4,153.
Soissons obl. 2,91. .
soit *vgl.* estre.
soleil obl. s. *Sonne* 2,134.
somme n. s. *Inhalt* 1,111.
sommeillier *schlafen* 2,183.
sormonté *besiegen* 3,39.
sorprendre *überraschen* 3,134.
souffert *dulden* 1,893.
sougite *unterwerfen* 1,86.
souhaidier *wünschen* 1,99.
souspris *ergreifen* 1,430.
soustenir *erhalten* 1,69 — sous-
tient 1,467.
souvenir obl. s. *Erinnerung* 1,192.
324.
sovent *oft* 4,355.
soverains obl. pl. *Erhabene* 3,156.
substance obl. s. *Stoff* 4,363.

table obl. s. *Tisch* 2,2. 97.
tablel obl. s. *Tafel* 3,256.
Tailleborc obl. 2,19.
talons obl. pl. *Ferse* 2,54.
tans obl. s. *Zeit* 3,225.
tant *soviel*, — *sehr* 1,416.
tarie *erschöpft* 3,90.
Tausons obl. 2,92.
tel obl. s. *derartig, solcher* 3,21.

tempeste obl. s. *Sturm* 2,147.
tence 1) i 3 s. *streiten* 4,6. 2) obl.
s. *Streit* 4,80.
tenir *halten, festhalten* 1,191. —
tenoient 4,448 — tenue 1,400.
tent prs. i. 3 s. *wenden* 1,310 —
tendront refl. fut. 3 pl. *sich er-
strecken* ') 4,452.
tentes obl. pl. *Zelt* 4,435.
Terence n. s. 4,211.
terme obl. s. *Zeitpunkt* 3,246.
terre obl. s. *Land* 1,90; 2,14. 182;
4,172. 237.
terrestre m. obl. s. *irdisch* 2,163.
tere refl. *schweigen* 4,375 — test
prs. i 3 s. 1,224 — taisoit 3,143
— tesiez imper. pl. 1,418.
teste obl. s. *Kopf* 1,483; 2,148;
4,367.
Theaudelès n. s. 4,339.
Tobie obl. s. 4,285.
toile (chanson de) obl. s. ch. d'aven-
ture ⁸) 1,382.
tonde prs. c. 3 s. *scheeren* 1,296.
Topiques n. pl. 4,217; obl. pl. 4,291.
tor obl. s. *Turm* 1,265. 470; 4,413. 418.
Tornai obl. s. 4,49.
tornez *abwenden* 4,238.
tort obl. s. *Unrecht* 2,201.
touz m. n. s. *ganz, all* 1,489 — toz
obl. pl. 2,79 — tote f. obl. s. 1,134.
163. 423 — toutes n. pl. 3,48
(totes); obl. pl. 1,566-67.
traire *schiessen* 1,370 (trere) —
traiez refl. imper. pl. *sich begeben*
1,424 — traiant part. prt. *ziehen*
1,556.
tramble obl. s. *Zitterespe* 4,247.
travaus obl. pl. *Anstrengung* 1,575.
trebles obl. pl. *Trio* 4,183.
treize *dreizehn* 4,148.
Treneborc obl. 2,20.
trepié obl. s. *Dreifuss* 4,204.
tresórs n. s. *Schatz* 3,165 — tresor
obl. s. 1,74.
trespas n. s. *Uebergang* 3,206.
trespassa n. s. *sterben* 3,15.
trestoute obl. s. *ganz* 4,333.

tret (tout a t.) adv. *langsam* 1,374.
tretié obl. s. *Erzählung* 1,38.
Trie la Bardoul obl. 2,34.
trinitei obl. s. *Dreieinigkeit* 3,253.
tripes obl. pl. *Kaldaunen* 4,231.
troublé *stören* 4,316.
trover *finden, dichten* 1,171 —
truis prs. i. 1 s. 1,332 — trueve
3 s. 1,154 — trova prt. i. 3 s.
3,251.
trov[e]or obl. s. *Trouvère* 1,54.
truis, trueve *vgl.* trover.
tupinel n. pl. *Schaar* 4,346.

ueil obl. s. *Auge* 2,78.
un m. obl. s. 2,140 — une f. s.
1,151.
usage obl. s. *Gewohnheit* 1,173.
uz obl. s. *Sitte* 3,184.

vaincra *siegen, besiegen* 1,578 —
vaincu 4,343.
vaines obl. pl. *leer, nichtig* 4,450.
val obl. s. *Thal* 4,268.
vanité obl. s. *Nichtigkeit* 4,78; n.
pl. 4,108 — vanitez obl. pl. 4,256.
vanter refl. *sich rühmen* 1,313.
vaudra fut. 3 s. *wert sein, helfen*
1,248; 3,50 — vaudroit cond.
3 s. 1,32 — vaut prs. i. 3 s. 1,474.
velle imper. s. *wachen* 3,154.
Venables obl. 4,106.
vengier *rächen* 1,241 — vengié
1,508.
venir *kommen* 1,70. 323 — ven-
dront fut. 3 pl. 4,453 — vent
prs. i. 3 s. 1,367 — viegne c. 3 s.
1,352 — venoit impf. i. 3 s. 4,298
— venoient 3 pl. 3,104 — venue
part. prt. 1,401.
vent obl. s. *Wind* 4,354.
verdure obl. s. *grün* 1,285.
vergier obl. s. *Baumgarten* 1,433.
vergoingne obl. s. *Schande* 2,58.
Vermandois obl. 2,93.
verité obl. s. *Wahrheit* 3,249. 254;
4,141 — veritez obl. pl. 4,257.

---

1) Während Héron *tendront* als fut. von *tenir* ansetzt, möchte ich es
in Anbetracht des zu ergänzenden Subjectes als zu *tendre* gehörig fassen.
2) Vgl. G. Paris' erklärende Worte, Rom. XI. 144.

vers 1) obl. s. *Vers* 4,13; obl. pl.
4,423. 2) adv. *wahr* 4,14.
versefier *Verse machen* 4,11 —
versefiée *in Verse bringen* 4,288.
vessiaz n. s. *Gefäss* 3,195.
viela *leiern* 3,121.
vieles obl. pl. *Fiedel* 4,176.
viellece obl. s. *Alter* 1,491·
vilains obl. pl. *Schurke* 4,370.
vilenastre n. s. *schurkisch* 4,111.
vilonie n. s. *Betrug* 1,28.
vin obl. s. *Wein* 2,176.
vive prs. c. 1 s. *leben* 1,201 — vi-
vant 1,55.
voi prs. i. 1 s. *sehen* 1,303. 307. 405
— voie c. 1 s. 3,62 — veïst
impf. c. 3 s. 2,75 — veü 1,494.
voie 1) obl. s. *Weg* 1,193; 3,61;
4,61; 2) *vgl.* voi.

voire n. s. *wahr* 3,11 — voir obl.
s. 1,486.
voisins n. s. *Nachbar* 2,64.
volenté obl. s. *Wille* 1,213. 546-47;
4,429 (vbleté).
volentiers *gern* 1,179. 438.
voler *fliegen* 4,198. 396 — vole
prs. i. 3 s. 4,398 — voloient
4,348.
vous 1,272. 488.
vueil prs. i. 1 s. *wollen* 1,274 —
veut 3 s. 1,188 — voloient 3,92.

Yon obl. 2,26.
Ypre obl. 2,16.
Ysidoire n. s. 4,76.
Ysoudun n. 2,139.
yvres n. s. *eifrig* 1,321.

Anhang.

Li fabliax des bons vins oder La bataille des vins par Henri Andeli.

(Diplomatischer Abdruck nach ms. 113 der Bibl. de Berne nebst den Varianten des ms. fr. 837 der Bibl. nat. Paris nach den Abdrücken von Barbazan und Héron).

f. 200c: [Segnor oies une grant fable
Qui auint iadis sor la table
3 Au bon roi qui ot non felipe
Qui uolentiers moilloit sa pipe
Do bon vin qui estoit do blanc
6 Il le senti jentil et franc
Si le clamoit son aumacor
Por le bien et por la doucor
9 Que li vins auoit dedenz soi
Li rois en but quil auoit soi
Li rois qui fu cortois et sages
12 Manda a trestoz ses mesages
Calaissent le mellor vin querre
Quil trovaissent en nule terre.
15 Primes manda le vin de cipre
Ce nestoit pas ceruoise dipre
Vin dausois et de la mosele
18 Vin dauni et de la rochele]

f. 200d: de saintes & de taille borc
de melen & de trene borc
21 vin de palme vin de plaisence
vin despagne vin de prouence
de monpellier & de n'bone
24 de bediers & de carcasone
de mosac de saint melion
vin dorchise & de suit tion
27 vin dorliens & vin de iarguel
vin de meulent vi dargentuel
vin de soissons vi dauuiler
30 vin desparnai le bacheler
vin de sesune & de samois
vin danio vin degastinois
33 disoudu de chastel raol
& vin de trié le bardol
vin de neu's vin de sansuere
36 vin de v'selai vin daucuere

Die Pariser Handschrift bietet folgende Varianten von unserm Abdruck des Berner ms.: 1 Voles oir   2 Qu'il . l'autrier sus   3 Phelippe   5 Du .... du   6 gentil   7 ameor   10 sanz avoir soi   11 est (*fu* des Berner ms. ist mit G. Paris der vorhergehenden Imperfecta wegen dem *est* des Pariser ms. vorzuziehen)   12 messages   13 Qu'il alaissent le meillor querre   15 Premiers .. Cypre   16 d'Ypre   17 d'Aussai .. Moussele   18 d'Auni .. Rocele (v. 1-18 fehlen in der mir vorliegenden Photographie; ich drucke v. 1-7 nach H. Hagens, Catalogus Codicum Bernensium, v. 8-18 aber combiniert nach den von Stengel, Durmart p. 459 und Héron gegebenen Varianten)   20 Melans   21 Plesence   22 d'Espaingne   23 Montpellier   24 Quarquassone   25 Mossac, de S. Melyon   26 S. Yon   27 Jargueil   28 Argentueil   31 Sezane et de .vii. mois   32 Anjou et de G.   33 Raoul   34 vins de Trie la bardoul   35 Sancerre   36 Verdelai. d'Auçuerre.

de tonaire & de flaueni
de saït porcain de soueni
39 vin de chabliues & de biaune
.J. vin qui nest mie trop jaune
plus est v's que corne de buef
42 tos les autres ne pris .j. vef
trestot vinrēt en .j. conroi
sor la table deuant le roi
45 si comme dex parla au ciane
cascuns des vins se fist plus digne
par sa bonte par sa poissance
48 dabuurer b'n le roi de france
Un prestre englois si prist lestole
Qui m̄l't auoit la teste fole
51 Sescumenia dant mauel (!)
Qui croist ens Es clos de biauer (!)
& dant petart de chaalons
54 Qui le uentre enfle & les talons
& mesire rogel destampes
Qui amaine les gotes cranpes
57 Cil .jjj. vin amaīnēt la rogne
a grant honte & a grant v'gogne
les cacha li p'stre de cort
60 batant ferant dū baston cort
& lor dist que iamais nētrassēt
la v nul prodome hantaissent
63 moe liure u biauuoisins
& dant clermont lor ch' uoisins
Ces .jj. vins nē cacha il pas
66 Quil les senti de bon compas
le vin commū le vin moien

Ne proisa il .j. pois baien
69 vin domans de tors retornerēt
por co quen este se tornerent
por le paor do p'stre englois
72 Qui not cure de lor jenglois
vin dariences chābure resnes
senfuirent tornāt lor resnes
f200e: Car se li p'stres les veist
Je sai bien quil les ocheist
Primes parla vī dargētuel
78 Qui fu clers comme larme duel
& dist qui valoit miex daus tos
Or te tais fix a putaī glos
81 Ce dist li vins de pierre frite
tu sues a la desconfite
Jceste trīues st' enfraites
84 Je val ml't miex que uos ne faites
au tesmoīg do vin de marli
de dueil de mon morenci
87 lors dist bee sac de meulent
argentuel ie sui trop dolent
Que tu despis tes compagnons
90 saces de uoir nos en plenōs
Que fait dant croe de soissons
le vin de laon de tausons
93 Jcil .jj. pesent v'mendois
Cil doient bien seir au dois
Esparnais dist & auviler
96 argentuel tu wes aviler
trestos les vins de ceste table
par deu trop te fais conestable

---

37 Tornierre, Flavingni   38 S. Porchain, Savingni   39 Chablies   41 vert
42 toz, prise, oef   43 trestuit vindrent   44 seur   45 Diex, cygne (dieser Vers
bleibt unverständlich)   46 chascuns   48 d'abevrer   49 s'estole   51 s'es-
commenia dans Mauvais   52 Qui estoit du clos de Biauvais   55 mesire
Rogoel   56 goutes crampes   57 roingne   58 vergoingne   59 batant ferant
d'un baston cort   59. 60 umgestellt   59 les amainent ferant a cort   61 james
n'entraissent   62 ou nul preudomme   63 les .ıj. vins et de Biauvoisins (dieser
Vers ist im Berner ms. undeutlich einer vorgenommenen Rasur wegen;
Stengel, Durmart p. 459 liest: »moe uure u B.«, Héron: »moe liure ıı B.«)
64 dans Clermons li tiers voisins   65 Ces .ııj., chaça   67 li, li   68 N'erent
prisié   69 du Mans   70 Por ce qu'a esté s'atornerent (die Lesart vom
Berner ms. verdient nach G. Paris, Rom. XI 141 den Vorzug)   71 la paor
du   73 vin d'Argenches, Chambeli, Renes   75 Quar   76 je croi, oceist
77 vins d'Argentueil   78 lerme d'ueil   79 qu'il, toz   80 filz a putain glouz
82 jeues   83 ices, seront enfretes   84 vail, vous ne fetes   85 A, le   86 Duoeil
87 sanc   88 Argentueil, moult d.   89 compaignons   90 Saches, nous en
plaignons   91 Qui fez d'Auçuerre de S.   92 de l'autel (so nach Méon;
de Laucei, nach Héron) de Tauçons   93 dui passent   94 doivent, seoir
95 Espernai dist a A.   96 Argentueil, trop veus aviler   97 Trestoz   98 Dieu,
t'es fez connestable.

99 Nos paissons chaalons & raïs
Nos ostōe les goutes des raïs
Nos estagnōs totes les sois
102 lors saut enpies li vins dausois
li bons gentils vins li roiax
Esparnaï trop es desloiax
105 tu nas droit de parler a cort
Je sui cil qui la gēt secort
Entre moi & ma damoisele
108 longe tone de la mosele
si secorons les alemans
Nos faisons trestos nos commās
111 les colonois prendons dargēt
d't nos repaissons n'ō gent
lors dist aunis de la rochele
114 vos ausois & uos la mosele
se uos paissies cele gent h're
Je repais trestote englet're
117 bretons normās flams galois
& les escos & les jrois
Norois & ciaus de danemarche
120 Jusque la dure bien ma marche
Je sui des vins li sebelins
Jen aport tos les estrelins
123 li vins .s'. jehan dangeli
si dist a henri dandeli
Qui li auoit creues les eus
126 par sa force tant estoit prex
agolesmes bordiaus & saïtes
si i firent bien lor enpaïtes
129 & li bons vīs blans de poit's
Qui na cure de charretiers
f200f: Cest cil qui tote gent acroche

132 par la froidure de sa roche
tant est fors que par son orguel
se fait il toster au solel
135 Ne sai qui en but plus casses
par coi il ot les iex quasses
chauueni mōt trichart lacoi
138 chastel raol & besancoi
Mōt mprellō & ysodun
furent deuāt le roi tot .j.
141 por abatre le beubencois
de trestos nos bons vīs franc'.
li vin françois se deffendoient
144 Qui cortoisement respondoient
se uos estes plus fort que nos
Nos somes sade sauoros
147 si ne faisons nule tēpeste
Nacuer na cors na vel na teste
Mais v'mentū sait brice aucuere
150 si font la gent jesir aufuerre
Qui la veist vins estriuer
& cascun sa force aviuer
153 & cascun mener son desroj
sor le table deuant le roj
Ce nest ore ne plus ne maïs
156 se vin eussent pies & maïs
Je sai bien quil sentretuassent
Ja por le bon roi no laissasent
159 Qui veist com il estriuoient
& com li vin estinceloient
si que la gāns sale & la cābre
162 sanbloit plaine de basme & dābre
cestoit .j. paradis t'restre
cascuns lechiere j uosist estre

99 nous passons 100 nous o. la goute 101 nous estaignons toutes 102 Dont, en
piez le vin 103 gentiz v. et roiaus 104 Espernai, desloiaus 105 en c. 108 longue
tonne 109 Nous, Alemanz 110 Nous fesons trestoz noz commanz 111 Aux
Coloingnois prenons l'a. 112 nous repessons 113 li vins de la Rocele
114 Vous, Aussai et vous la Mousele 115 vous paissiez c. g. fiere 116 trestoute
117 B., Flamens, Normans, Englois 119 cels 122 toz les esterlins 123 Héron
giebt fälschlich an, das Berner ms. schreibe »jehans«; seine Anmerkung:
»A. (Pariser ms.) supprime l's avec raison, le sens étant: li vins de S. Jehan«
ist überflüssig. 125 Qu'il li avoit crevé les ex 126 piex 127 Engolesme 128 cil,
empaintes 129 Et le bon vin blanc 131 toute 133 fort, orgueil 134 Se
fet costoier au soleil (vgl. G. Paris' Emendationsvorschlag, Rom. XI 141).
135 qu'assez 136 quassez 137 Channi, Montrichart, Laçoy 138 Raoul
et Betesi 139 Monmorillon et Ysoudun 140-42: Et cil d'entor tout de
commun Furent devant le roi tout cois Por abatre le bobançois 143 Vin
f. bien s. d. 144 Et c. 145 vous, nous 146 Nous sommes sades savorous
147 fesons 148 A cuer, n'a corz, n'a oeil 149 Mes Vermendois, Auçuerre
150 les genz gesir 152 chascun 153 ch. 154 la t. 156 vins, piez n.
m. 157 s'entretuaissent 158 nel lessaissent 159 comment est. 161 grant,
chambre 162 Sambloit 163 Ce sambloit p. 164 Ch. lechierre i vousist

165 chl'r clerc borioiß caloine
 *con*trait muel mesel & moine
 sil hurtaissgt a tel qu*in*taine
168 Jamais neussent le qu*a*taine
 li roiß do blanc *bien* se paia
 & c*a*sc*un* des vins essaia
171 li p'stres engloiß les jugoit
 Q*ui* volent's les engorgoit
 a c*a*sc*un* vin donoit .j. bout
174 & puis si disoit iße gout
 bi saït thomaß q*ui* fu martin
 Goditoet ci a bon vin
177 **T**restos sols lut cele lec*on*
 h'soi drincoj fu son clercon
 sescumenia la c'uoise
180 Q*ui* estoit faite par deloise
 En flandres & en englet're
 puis ieta la chådoile at're
183 & puis si sala somell'r
 .jjj. iors .jjj. nuis sanß esuell'r
 li roiß les bons vins corona

186 & a c*a*sc*un* son don dona
f201a: vin de chipre fist apostoile
 Q*ui* resplendist *com* vraie estoile
189 puis fist cardonal & legat
 dü bon gentil vin daquilat
 puiß fist .jjj. roiß & puiß .v. *contes*
192 & puis endura tant li *contes*
 Q*ui*l en fist .xij. pers en france
 v li roiß ot ml't *grant* fiance
195 Q*ui* vn des pers poroit auoir
 Ne por argent ne *por* auoir
 desor sa table a son mägier
198 Ml't si feroit bon arengier
 Jamais maladie naroit
 desci a lore q*ui*l moroit
201 Q*ui* miex ne puet si na p*a*s tort
 ades o sa vielle se dort
 soit vin moien per ou *persone*
204 buuons tel vin *com* dex nos donei
 Explicit.

165 Chevaliers, clers, borgois, chanoine   168 James, la quartaine   169 du
170 ch.   171 i estoit   173 et a ch. d. un baut   174 ysebaut   175 Bien S. Th.
176 Goditouet   177 Trestout seul   178 Guersoi dunque   179 s'escommenia
180 fete de la Oise   182 geta la chandeille   183 si ala sommeillier   184 .nj.
nuis, .nj. jorz sanz esveillier   186 ch. son non   187 Cypre   189 colmme
une estoile   189 dont f. ch.   190 du b.   191 .nj. contes   194 Ou, out
196 porroit   197 mengier   199 James, n'auroit   200 Jusques au jor que
il morroit   204 prenons t. v. que diex nous d. *Explicit la bataille des vins.*

Vita.

Am 7. October 1862 in Ludwigslust als Sohn des Kaufmanns
H. Augustin geboren, besuchte ich das Grossh. Realgymnasium daselbst
und verliess dasselbe Ostern 1881 mit dem Zeugnis der Reife, um mich
dem Studium der neueren Philologie, Geschichte, Geographie und Philo-
sophie zu widmen, anfangs in Berlin, später in Marburg. Das examen
rigorosum absolvierte ich am 1. December 1884.

Ich hörte Vorlesungen bei den Herren Professoren: **Bergmann, du
Bois-Reymond, Breslau, Fischer, Geiger, Kiepert, Koch, Lenz, Paulsen,
Rödiger, Stengel, Tobler, v. Treitschke, Varrentrapp, Vietor, Zeller,
Zupitza** und bei den Herren Privatdozenten: **Feller, Koser, Lasson,
Sarrazin.** Ihnen allen bin ich zu grossem Dank verpflichtet.